洪震宇——著

風土經濟學

地方創生的
21堂風土設計課

風土設計步驟1

旅人的思維

當一個好奇的旅人，類似扮演一個人類學家，透過觀察與提問，追根究柢，從平凡中看到驚奇，才能找出在地的風土文化脈絡，以及讓人感興趣的亮點。

吳致遠／提供

風土設計步驟2

編劇的洞察

要培養編劇的洞察力，要先了解人與人的關係，人與物的關係，以及人與環境的關係，接著打散重組，讓原本的關係產生新意義，帶給人不同的感受。

風土設計步驟3

導演的實踐

導演不是坐在導演椅上發號司令，而是要建立工作流程，並指導每個環節的演員，根據劇本賦予的任務，呈現各自的故事，同時還要溝通協調，掌握現場執行細節。

目次

推薦

看到風，聽到土，你需要方向嗎？

曾旭正（國立台南藝術大學教授、國發會前副主委）

台灣是個奇特的島嶼，地理多元、物產豐富、生態複雜、人文薈萃、眾聲喧嘩，簡單地說，豐富多樣就是它的總體特徵。在這樣的土地社會中，要做設計既困難也容易！容易的是，有諸多素材可以在各方面運用；難的是，不容易掌握核心、做得道地，在道地與創新之間又有許多抉擇不易。這在烹飪、服裝、產品設計、遊程規劃、環境營造、景觀設計乃至於各類的藝術創作中都面對相同的挑戰。近年來，因著社區營造打開了地方經營的問題意識，如何掌握一地的風土人情，說出動人的故事遂成為眾人的期盼，許多有志之士的共同摸索。

在營造社區的過程中，總一直有上述的挑戰。在策劃活動時，活動本身以及活動場地的表現，都要有所講究，因為它會被看到。社造前輩宮琦清老師主張的：觀光的「光」，就是人心的光華，因此，觀光就是去體會當地人的人心之華。而在地人的光華正是來自他（她）們對自身的了解，進而展現為各種可感的事物與人情。也許主動說出故事，又或許留給旅人自行體會後興奮地指認出來。

洪震宇就是一個擅於創造故事，也教人「說故事」的人，在這本《風土經濟學：地方創生的21堂風土設計課》的專著中，他分列了幾個主題：風土如何經濟、如何設計、如何感動、如何創新？他自許要成為鬆動風土、引領光明的蚯蚓。蚯蚓？光？這是個有趣的比喻，因為蚯蚓其實並沒有眼睛，只在身體兩側與頭部有一些光線的感受器，約略可以感覺到光的明暗與強度。所以震宇自況蚯蚓，或許重點並不在於看到特定方向，引領追隨者向前；而是不斷地鬆土，提供環境讓當地人自己看到可能性。

近年來，他的確扮演鬆土的角色，在社區找到許多操作機會。譬如為社區設計遊程與訓練講說，這讓他累積越來越多的風土與人的經歷；另方面，他在文創、餐飲以及百貨業擔任顧問，也累積了跨域整合、行銷企劃的經驗；他在池上和甲仙兩地投入協力，對於在地方上處理人際溝通的問題，挖掘地方特質，找到商業模式而真實帶動生意等都深有體會。這都讓他不會是飛得太高的老鷹，而是能接地氣的帶路人。

難得的是他長久以來擔任記者與主編的經歷，讓他可以純熟地運用文字，清楚地傳達有效的知識。這書呈現的21堂課，寬廣地涵攝了作者的經驗，其中讓我特別感興趣的是，他實際運用於教學的種種作法與策略思考，讓他的心法能夠幫助更多有志於耕耘在地的人。他歸納出的行動要點或工作提醒，都確實直指要害，也對學習者具有鼓舞作用。譬如面對挫折需要培養的三種能力：溝通說服力、擴大參與力和自我復原力。既老實說出投入行動必然面對的挑戰並非一片美好，但也正向鼓勵成長有方。

最後，我要提醒讀者關注一個獨特的面向——洪震宇活出來的生命形式。從文字中可以看出，他時常保持好奇，關心的範圍無限，對於從事的工作也不受限於社會的既定。因此，他的工作是幫忙解決問題的顧問、是各種主題的書寫者、是教學者、旅行設計者、帶路人等等。這已不是當前流行的「／」斜槓人生，而是行動人生。在未來可見的時代中，等待被命名的工作必然遠比已經定名的多太多；甚至，對某種人而言，命名其工作根本不必要，但它就是根植於風土，堅實有力，這種人將越來越多，你或許就是其一！

從思維開始改變，新方法翻轉地方

余宛如（立法委員、生態綠共同創辦人）

震宇《風土經濟學》的出版可說正是時候，我在這本書裡，找到了很多共鳴，在閱讀的時候，許多年輕朋友的臉龐出現在腦海裡，這些不但是我熟悉的故事，也是一直激勵我推動地方創生的能量。

十幾年前，我走訪各地，看見偏鄉農民因為公平貿易而翻轉人生，下定決心把公平貿易帶來台灣，成立了華人世界第一家公平貿易公司「生態綠」，而開始跟社會企業結緣，因此有幸成為台灣第一個社會企業聚落的維運者，作為社會企業的加速基地，開始深度凝視台灣多元的社會企業個案，走入偏鄉，跟許多熱愛台灣土地的朋友作夥，互相砥礪。

因為經濟發展的不均衡，才發生資源與人口往都市集中、農村凋零與老化的問題。在日本，人口往東京集中，加上老化、少子化，甚至出現無人村，並預估二〇四〇年日本八九六個市町村可能會消失。日本的社會問題，往往是台灣的前車之鑑，事實上，我們也的確遇到同樣社會結構的挑戰，因此我就任立法委員以來，持續推動地方創生，終在二〇一九年催生由國發會領軍的台灣地方創生元年。

記得在二〇一七年時，我召開「地方創生 青年返鄉」公聽會，邀集了上百位返鄉創業青年到立法院談青年返鄉遇到的法規問題，看到許多返鄉創業的朋友，遇到因為沒有事業主管機關被踢皮球、法規過時而觸法、修法漫漫無期等問題而心力交瘁，而分散在台灣各地的返鄉創業青年聲音太小，缺乏資源與組織，他們的困境也往往被忽視。

其中一個比較具體的案例，是社區小旅行觸法的問題。台灣自一九九四年推動社區總體營造以來，地方社區歷經政府政策不同的扶持，無論原民會、內政部、文化部、農委會、客委會、勞動部甚至地方政府，逐漸發展出深度體驗的社區小旅行，像是農村生態體驗、部落文化體驗、傳統產業體驗等。許多返鄉青年，在爬梳地方脈絡後，投入地方深度體驗的發展，吸引遊客來認識家鄉，卻困在「發展觀光條例」的桎梏下，生存在觸法的邊緣。

社區小旅行為地方提供新的收益與機會，自立自強。例如屏東港口社區，因為生態小旅行，一年為社區帶來百萬的收入，社區獲得資源後投入老人供餐的服務。如何兼顧地方創生與合法合規，為地方翻轉開一條生路？因此兩年來我持續不懈要求政府給社區小旅行一條合法的路，終於在二〇一九年促成交通部針對地方創生政策所涉《發展觀光條例》之適用範圍予以放寬，讓地方創生往前推進一小步。在這個過程裡，我也深刻感受到，台灣豐沛的地方能量被綁住了，綁住這股能量的不只是過時的法規，而是背後限制法規進步的思維。

在立院，我專注新創、社會創新、地方創生等議題，我常開玩笑說，只要是「創」的我都關心。就如震宇在書裡提到的「扭轉劣勢需要不同的思維方式」，我從這些創新者、創業者的身上，發現他們看待事物的新眼光。過去我們覺得廢棄的，他們看到新用處；我們覺得沒價值的，他們賦予新的價值，創新的化學變化，就在他們動手做的過程裡，產生新的火花，能夠跳脫傳統的思維，打破傳統的框架，形成一股新的社會創新能量。這也是為何這股小小的火花，我如此悉心呵護的原因。

而看過這麼多案例，我認為地方創生，最重要的是人，除此之外有幾個重要的元素：一是如前所述，要用新的眼光為地方找到新的價值，二是要能設計思考，找到地方問題，動手解決，三是用策展的概念，重拾地方內容的論述，把地方行銷宣傳出去。而這一切需要系統性的知識整理。我認為震宇的《風土經濟學》，剛好是一本關於如何產生地方新價值的好書，期待這樣的知識，能夠更廣泛的分享，給所有熱血返鄉的朋友！

立基於這座島嶼的風土實戰紀錄

王村煌（薰衣草森林董事長）

台灣終於有了一本屬於我們自己的地方創生方法論。

從社區總體營造到地方創生，台灣走過漫長的三十年時光，對於地方與故鄉，除了傳統的人、文、地、產、景由下而上的了解、詮釋、認同之外，回到根本的經濟與人口問題構面，台灣的城鄉差距仍然在不斷的擴大，鄉村人口依然持續的老化與減少。

但是我們還是可以看見台灣有些地方，在這股洪流當中卻逆勢成長，不但居民的收入提升，年輕人返鄉成為一股地方的向上力量，更難能可貴的是漸漸朝地方品牌與地方光榮感前進。

台東的池上及台中的新社即是活生生的例子。

以我的家鄉台中新社為例，九二一大地震後的二十年，是從「新社」地方行銷到「新社香菇」品牌識別的過程。新社地方休閒觀光產業，從「薰衣草森林」的紫色夢想、「新社區休閒農業導覽發展協會」規劃的彩虹七線觀光路徑、香菇形象商圈和新社花海節等，不只吸引了無數的遊客，也帶來了各類的關係人口（訪客、工作者、移居者）與返鄉青年。新社作為全台最大的太空包香菇生產基地，二〇一一年之後全年香菇產量超過兩千公噸；同時，截至二〇一九年的統計，已有七十三位的香菇青農。從觀光產業拉動農業發展與青年返鄉的經驗，以增值的夥伴關係來思考香菇精品化與新社品牌化之間的關聯，藉由青農創造香菇的智慧財產、企業增加香菇的附加價值、地方推動香菇的知識生產，來展望從生產端拉動青年返鄉以及產值的增加。因為地方創生應該定位為「事業」的創造與永續，而不只是浪漫故事的美好形塑；同時，青農也成為農業價值的定義者、永續未來的說書人。

這些美麗又振奮人心的台灣經驗，和從日本來的地方創生邏輯有異曲同工之處，也有更多值得細細研究的地方風土操作實戰紀錄。

震宇是一位認真的田野調查與書寫者，在這本書中他不只提出了完整又清晰的思考架構，並佐以豐富的實際案例。21堂課循序漸進引導讀者思考並親身實作，最重要的這是一本立基於台灣，沒有文化代溝的方法論專書。

《風土經濟學：地方創生的21堂風土設計課》這本書，可視為震宇十年來台灣草根書寫三部曲：《旅人的食材曆》、《樂活國民曆》、《風土餐桌小旅行》之後最有意義的一本著作，值得關心這座島嶼的我們細細品讀。

我們需要一百個洪震宇

沈方正（老爺酒店集團執行長）

閱讀好友洪震宇的書稿，在篇章間可說是點頭如搗蒜，心有戚戚焉。台灣近十年來觀光業突飛猛進，來華旅客人次由四百萬直上千萬，但是只創造了人數、產值、投資，卻沒有創造出「內容」。而國人國內旅遊次數也不斷更新，但是大多倚靠中央及地方政府放煙火式的辦活動、蓋天梯、蓋教堂、蓋步道……，對台灣各地方可謂「創」而不「生」。

近兩年大陸旅客減少而觀光投資逆向增加，產業結構出現警訊，我一再呼籲正是我們停下來思考的時刻，地方觀光的發展是否應從量的提升轉換到質的改善。書中提到的風土設計、旅人思維等皆是創造內容、提升品質的絕佳法門，震宇以其社會學及文化人類學的專業訓練，加上多年來持續輔導地方的努力，成就精彩的理論與實用方法，但是正如結尾所言，做對的事、做好的事也會引來謠言與不解，精彩地方故事的訴說、體驗與分享路程很長，但如果我們的社會能大力支持、熱情接納真正的風土經濟學，就能創造出更多風土設計師。如果有一百個洪震宇，台灣就會有如日本「燕三条 Kouba 工場の祭典」那麼棒的好事發生。創生的路我們好好走慢慢行，終有一日台灣可以成為觀光強國，地方經濟也會因而活絡創生！

前言

風土經濟學，創造台灣「一」的力量

有一天，我接到某地方政府的邀約，希望為六十位科長級以上的公務人員導讀《獻米給教宗的男人》（ローマ法王に米を食べさせた男）一書。這本書是一位日本偏鄉的低階公務員高野誠鮮所寫，描述他如何透過各種創新行銷方式，扭轉偏鄉的命運。由於這位作者的態度、思維與方法，跟我的經驗有異曲同工之處，我為這本書撰寫推薦序，甚至拍攝推薦影片。

這是我第一次接到針對中高階主管公務人員的演講邀請，非常興奮，因為有機會深度交流，也期待他們能轉換思維，成為改變地方的推手。演講時，我決定不複述這本書的內容，而是採用與書中類似的情境，也就是以我參與的甲仙規劃經驗作為個案談起，這樣較接地氣，能具體幫助大家思考在地現況，找出改變的切入點。為了方便討論，我事先請主辦單位將聽眾座位調整成適合交流的形式。

開場時，當我介紹完自己，現場一片安靜，我因此提問：「你們，為什麼要來？」大家似乎愣住了，一時沒人回答。我鼓勵大家說說話，於是陸續有人說是被指派的、來放空的，後來有人說，想聽聽我的見解與故事，還有人說，希望跟不同單位的主管交流。

我又問：「你們認為，我為什麼要來？」由於氣氛輕鬆，有人說是為了講師費，不少人因此笑出來。我又問了一次：「我為什麼要來？」幾個人回答，想給公務人員不同的想法與刺激，希望改變現狀。我強調，自己不是為了激勵大家而來，而是務實的帶大家討論解決問題的方法，透過分組，深度交流，才能找出改變的方向與方法。

現在有什麼，比沒有什麼還重要

我先請大家花幾分鐘時間討論，在城鄉差距、經濟轉型下，地方政府遇到的挑戰，最後彙整出三個問題與實例，輪流做報告。這是為了建立問題意識，接下來的演講內容也能扣緊這些問題，幫助大家轉換角度、打通思路。

我平常在企業、工作坊帶領類似的題目討論時，大家都會熱烈討論。這次經驗卻很不同，只有兩組積極討論，卻有兩組人坐在位子上放空，還有兩組三分鐘後就說討論好了，開始各做各的事。

為什麼這麼快就討論好了？我猜測可能是問題早已了然於心。分組報告時，大家幾乎都圍繞在老、少、貧，人口老化、人口變少、稅收不足的問題上，另外就是法令限制，開發不易，大家難有作為。

透過提問與討論，大家都認為自己所在的縣市最慘。我卻有不同角度，老、少、貧是台灣大都會以外、各縣市鄉鎮共同面臨的問題，並非只有這個縣市獨有。況且他們有山、有海、有平原，也有人文資源與便利交通，「不應該只是比誰更糟，我們現在有什麼比沒有什麼還重要，才能運用既有資源，創造未來的機會。」我強調。

接著，我分享高雄甲仙的經驗。甲仙是曾被媒體預測、在老、少、貧的現況下、極有在可能在二〇五〇年消失的地方（第一名是高雄田寮，甲仙第二名）。在如此劣勢下，又沒有太多資源挹注，我分享五年來，如何與甲仙地方組織合作，帶動二十多位老人參與轉型、活化地方的故事。（請參考第9課、第10課）

既然甲仙可以想辦法走出困境，為什麼你們不能？我想傳達的是，扭轉劣勢需要不同的思維與方法，如果大家只是提出問題，容易陷入分析痲痺，也會產生無力感，把問題推給大環境，好像自己就沒有責任了。忽略可以切入的著力點，導致原地踏步，持續空轉。

再優秀的公務人員，有時仍會被自己的思考框架綁住，或是被大問題限制了，其實，改變是有方法的。透過我對甲仙個案的親身說法，關鍵細節的說明，大家逐漸明白，原來很多資源與動能來自地方本身，只是需要透過方法挖掘與轉換。不過最後的問答時間，仍只有少數人舉手，我因此請幾位高階主管提問，但大家似乎都有些壓力，面有難色，欲言又止。

如果連主導資源的公務部門，都沒有改變心態與方法，要如何提振地方，促進轉型？當大家執著於問題，只看「憂點」，就會忘了自己的「優點」，關鍵應是如何將風土文化轉換成機會與優勢，這才是重點，否則挹注給地方再多資源，也容易浪費掉。

這就是我想到地方政府機關演講的原因，也是撰寫這本《風土經濟學：地方創生的21堂風土設計課》的主因。

二〇一一年，我受邀擔任台東池上的觀光輔導顧問，意外帶來人生的轉變。當時為了讓池上旅行不再只是三小時的走馬看花行程，決定整合地方業者，設計出三天兩夜的深度旅行提案，帶著地方團隊從行程安排、說故事訓練，定價定位到宣傳行銷，一路規劃、討論，甚至還自己硬著頭皮親自當旅程帶路人。

我發現這個角色很有趣，也能為地方帶來具體改變。於是我開始在台灣各地從事田野調查、設計深度旅程，協助地方組織找到特色，有效整合與活化資源，突破停滯的現狀，創造商機。由於帶動起「小旅行」的風潮，還被《Shopping Design》雜誌選為年度影響力人物，稱為是「台灣新品種旅行設計師」。

不願認真深耕，外界資源終究無法挹注地方

雖然推出的行程頗受歡迎，又得到掌聲與光環，我內心卻充滿焦慮與疑惑。一旦活動結束，離開當地，儘管相關內容都交給合作的旅行社，或是讓在地業者自行串連，然而若旅行社沒有持續推動，燃起的火苗，往往就逐漸消失。一直到我主動參與甲仙的地方事務，與在地組織合作，推出兩天一夜的旅行，藉由深入了解地方的過程中，才真正找到自己的目標。我還從經驗中發現，不能只倚賴外來專家甚至旅行社，地方組織要有對內整合、對外行銷的能力，才能達到自主營運的目的。

為了讓地方組織長出自己的能力，我不再規劃其他地方的旅行，只專注在甲仙。我帶

地方團隊做田野調查、設計風土餐桌、規劃行程，同時跟大眾溝通，有效運用資源，再就每次的執行狀況，與團隊一起修正檢討，累積更多經驗。這個過程，持續了五年。

我也意外發現，「甲仙經驗」已成為一個招牌。曾經併肩合作的外來組織，也藉由對外分享甲仙小旅行的經驗，獲得肯定，並拿到規劃其他地方的政府標案。然而若沒有深入參與調查與規劃，對整體脈絡與實際情況不夠了解，只看到表象，如何應用甲仙經驗到其他地方呢？還有一些顧問公司、大學教授承包政府標案，模仿複製甲仙行程，再以低價招攬旅客，或是彩繪外牆交差了事。更有大學創新中心、顧問公司，持續來甲仙做粗淺的調查、訪談，短暫的過水停留，目的都是為了拿政府標案。

這些外界資源，往往不會實質用在甲仙身上，只會落在寫標案企劃、懂行銷創意、有知識權力的「專家」身上，因為只有外來專家才能「拯救」地方。

甲仙的狀況，也是許多偏鄉的縮影。我警惕自己不能變成這種專家，更深刻了解，甲仙要持續站起來，還是得靠自己。我選擇更低調，不想高談理想，如果沒有作為，理想只是空談，我的做法，就是建立有效解決問題的方法論，希望幫助地方年輕人、產業工作者、公務人員，或是有心協助的顧問公司、大學創新中心，能從中得到可以實際應用的方法。

這本書，就是低調沉默五年之後，從土壤中汲取養分長出來的。透過此書，我希望能帶來新視野，提出有系統的方法，協助地方持續前進。

地方創生的隱憂，只有目標沒有方法

二十多年來，公部門長期推動各種計劃，提出各種口號，例如社區營造、里山生態、農村再生、社區設計、社會創新，以及各地藝術季，目前最新的計劃則是地方創生，希望創造商機產值，扭轉老、少、貧的劣勢。

計劃往往都是從上而下，或是以專家學者的旁觀角度出發，再用指導者的角色，將資源一層接一層的挹注，然而，如何接地氣、通脈絡才是重點。我們有很多目標與想法，卻沒有策略，沒有執行方法與步驟，也沒有因應環境變化，給予公務人員、地方工作者紮實的專業培訓，導致實際推動執行的人，還是依循過往的習性與做法，導致城鄉差距問題依然日益嚴重。

我還發現一個被刻意忽略的問題。從過去的文化創意產業，一直到目前熱門的地方創生，大家關切的都是「創意產業」或是「創生」，反而忽略產業與商機的源頭，那就是時間累積的生活文化，以及空間形塑的地方風土。

經由時空的長期交織醞釀，才能孕育出地方的無形資產，如果沒有花力氣進行深度挖掘、整理、詮釋與轉換，怎麼會有「創意產業」與「創生」的成果？本末導致的結果，人人都在畫大餅，強調商業模式、獲利成果、就業率、產值等有形數字，卻沒有往前追溯、向下延伸，到底我們的生活文化、地方脈絡是什麼？有什麼獨一無二的特色？

有形的數字好交代，無形的文化與風土最難捉摸。該怎麼辦？現有的方式就是把最核心的內容轉包出去，政府外包給顧問公司、大學創新中心，他們再層層轉包給地方、切割給不同組織。大量外包之後，每個單位只能畫餅、等待回收，結果文化創意產業、地方創生的源流發展，往往都是從網路上蒐羅剪貼的資料、粗淺的訪談整理，只有瑣碎片段的內容，沒有深刻的脈絡與詮釋。

結果就是計劃很多，亮點很少，都在重複與模仿，沒有深入核心。隔年再寫計劃，重來一次，資源持續浪擲。就像是人人手上都拿著鏡子的碎片，卻想要拼湊出一個完整的鏡面，試圖看出鏡中真像，甚至急著把鏡子賣掉賺錢。

寶藏明明都擺在那兒了，我們卻視而不見，只好無中生有，花大錢蓋跟地方無關的天梯、高跟鞋教堂，以及沒有版權的彩繪，吸引短暫的人潮，卻沒人留下，船過水無痕。

再貧瘠的土壤，都能綻放出讓人驚奇的花朵。如果我們沒有細心觀察、呵護培育，自己沒被感動，如何感動他人？我們得擁有敏銳的好奇心，有系統的探索與梳理方法，以及真心對外交流的心意，才有改變現狀的可能。

三個「一」，創造台灣風土經濟

如果要讓台灣每個鄉鎮、村落都能展現自己的特色，創造無法模仿複製的故事，就需要三個「一」的力量。首先是運用「專一」的方法，挖掘與創造地方「唯一」的風土特色，再提出讓旅人體驗感受那種「獨一」的魅力，如此就能創造風土經濟。而這套有系統的思維與實踐的「專一」方法，即是風土經濟學。

先談談風土經濟的重要性與意義。在強調體驗感受的趨勢下，風土資源日益受到重視。過去談風土資源，最經典的就是法國的葡萄酒區，現在美國、澳洲、紐西蘭、南非等國家，也都運用風土資源創造自己的葡萄酒價值，發展自己的風土經濟論述。又如目前方興未艾的咖啡產業，品咖啡的人愈益重視多元的風土滋味。逐漸從義式咖啡，轉變為莊園咖啡，注意咖啡豆的烘焙程度、香氣層次、啜飲口感，更強調產地、海拔、品種與製作過程。

不只是葡萄酒、咖啡，連巧克力、威士忌與啤酒，都開始訴諸舌尖上的風味地圖。嗅覺與味覺的復甦，喚醒我們沉睡的感官，追求更個人、更細膩的感受，推演到極致，就是重視不同地區、國家的風土資源，探究有什麼差異、何種內涵。就連旅行都逐漸重視融入地方的生活體驗，而非表層的觀光。透過網路搜尋與連結，人人都有機會深入世界各地體驗生活，不再只是走馬看花，而能親身感受獨一無二、無法被複製的「地方感」。

當大家開始尋找屬於自己的地方特色時，競爭也會特別激烈。找出差異化特色並不容易，許多地方歷史、知識、資源，都需要深入調查訪談與整理龐雜資料，才能梳理重點，歸納脈絡，建立自己的風土資料庫。

台灣本身擁有豐富的風土條件，不能只是概略的分成北中南東，還要更細緻的挖掘與呈現。台灣過去很難創造風土經濟，因為我們花很多時間向外看，一窩蜂地複製既有模式，卻忽略台灣各地擁有珍貴的內隱知識與在地智慧。我們為何一直空轉，無法找到源頭那個「唯一」的風土特色？主因是太急切，好奇心不足。好故事往往是等來的，經常隱藏在各種日常生活細節中。其次，了解地方需要系統性的方法，除了要貼近地方生活，透過長期觀察、深度訪談、現場互動這些蹲馬步的「拙功夫」，一點一滴找尋蛛絲馬跡，還得用心拼湊爬梳、探問背後的意義與脈絡。

另外，我們想創造產業商機，又缺乏方法深刻感受旅人的內心，了解旅人到底想要什麼，渴望什麼。唯有消化與轉化地方特色，設計動人的故事情境，創造細膩的體驗品質，吸引優質旅人，才能帶來經濟價值。因此，這又是一門「巧工夫」，需要細心感受、體會消費者的心情。許多拿政府資源的單位，不夠重視旅人的感受，不懂行銷，不重品質，只想交差了事，當然無法創造後續商機。

深鑿風土泉源，創造故事活水

我們該如何改變既有困境，讓地方真的能夠創生？面對地方創生這個大議題，《風土經濟學》這本書並非包山包海，而是一套思維流程與方法，如何運用「專一」的方法，深鑿文化風土泉源，轉換成「唯一」的故事活水，能與外界互動溝通，創造「獨一」的體驗內容，強化地方創生的價值。

老子說「大巧若拙」，最簡單的越難，需要綜觀整體脈絡的視野，才知道如何將一招變絕招，而非華而不實的花招。風土經濟學是一套結合「拙」與「巧」的方法學，把這招徹底活用實踐，才能變成屬於地方的絕招。

首先是風土文化源頭的挖掘。透過詳實的觀察、調查、訪談與整理，了解地方的節氣特色、物產變化，食材種植、料理方式，以及生活樣貌與歷史記憶，才能找出細微的差異，以及隱而未顯的內在質地。

其次，風土經濟的創造，需要文化創意的轉譯，才能創造獨特的價值。既要了解地方風土人文，又要能感受市場需求與趨勢，運用轉譯能力，將重點轉化成為一般大眾能理解、感興趣的亮點，創造需求與口碑，建立正向循環，才能活絡生機。

第一本接地氣、通脈絡的地方創生方法論

這套風土經濟學的方法，也滾動著我的生命軌跡。

十五年來，我從客觀的風土觀察者，轉為實際參與執行者，又需經常跳脫出來，檢視

與反省整體狀況。《風土經濟學》可說是從諸多成功與失敗經驗中，爬梳提煉出的創意與實踐方法論，亦應該是第一本從台灣風土長出的地方創生方法論。寫作時，我憑藉一路以來的經歷，力求兼具深度與廣度。

首先是深度。我長期在多個農村小鎮蹲點，像隻蚯蚓鑽來鑽去，翻掘風土資源與文化脈絡，設計成可以被遊客體驗的亮點與伴手禮，再透過溝通與訓練，讓地方居民說故事，參與餐飲與住宿行程，並建立服務品質。

這個深度歷程其實是投入越深，越想了解問題核心，一邊摸索，一邊受挫，時刻反思，慢慢累積的經驗。

其次是廣度。我也在文創產業、餐飲業、百貨業擔任顧問，累積跨界整合、行銷企劃的實務經驗，加上經常出國旅行，並曾參與規劃、帶領日本大地藝術祭的深度之旅，不時會從不同角度思考地方發展。

廣度跨界，讓我得花心思了解不同顧客需求，以及他們面臨的問題，得跳脫既有框架來思考問題，找出不同的角度，尋求創新解方。

種種磨練與挑戰，迫使我得快速成長。深度讓我紮實，了解每個流程與細節，如何有效溝通，建立自主經營能力。廣度讓我多元，不侷限在一個地方、單一領域，也能了解不同市場定位，如何有效行銷，滿足顧客需求。

經過紮實而多元的磨練，我們才能面對現實，找到關鍵切入點，一步步改變現實。面對地方創生這個大議題，我找到的切入點，就是具體的方法，除了以工作坊的方式，帶領學員進行思考與實作培訓，再來就是整理出讓讀者可以實際運用的方法論。

改變地方非常難，吸引外界參與更非易事。我從長期投入地方的經驗中，整理出一個思考架構來釐清大方向，如何運用風土經濟學的方法，帶動地方創生的長期目標。

長期目標分成兩部分，對內持續藉由成功的經驗，加強大家的信心，建立共識與願景，逐步擴大地方人士的參與，同時透過方法的實踐、能力的精進，不斷開拓體驗內容，持續創造旅人到訪的理由，讓改變繼續滾動，向上提升。對外則是建立自己的「唯一」，創造外地旅人的「獨一」感動，才能建立品牌特色，培養自己的忠實粉絲。更現實的挑戰，在於如何創造好的利潤、好的經營模式，才能帶動發展永續，讓風土經濟成為雙贏的正向循環。

這本《風土經濟學》主要側重在體驗經濟的效果，例如如何將風土資源轉換成旅行體驗與餐桌內容，如何對內整合地方資源，對外進行有效連結。本書就運用這個思考架構，分四個部分來說明。

第一部分，談如何創造風土經濟，建立營運模式的大方向。本書歸納出雙重的複眼角度，如何了解地方，又能感受市場需求與趨勢，藉由重新包裝、調整企劃，站在消費者的立場進行溝通，才能創造經濟價值。

第二部分是風土經濟學的基礎工程。如何挖掘風土資源，整合資源，規劃成好的體驗內容，以及如何持續精進能力，並能逐步帶動更多地方人士參與，建立長遠目標與願景。

第三部分則是個案實戰篇。針對不同行業，包括餐飲、旅遊、民宿、鄉鎮開發等，討論如何設計感動人心的體驗經濟內容。

第四部分聚焦在返鄉創業的自我挑戰。希望藉由不同的返鄉創業者的故事與方法，去鼓勵更多人投入家鄉風土，為家鄉與事業創造新活水。

人人都是風土設計師

本書還創造一個新名詞——風土設計，並提出一個從無到有的風土設計方法論，鼓勵人人都可以成為風土設計師。

先談談「設計」。傳統觀念認為，設計是設計師的事情，著重外表的精美。這是非常狹隘的看法，設計其實是解決問題、創造價值的能力，需要不同的思維，找出核心問題，提出解決方案，建立執行流程的能力。因此，廣義的設計，可以從有形的產品、建築、餐飲、旅行，擴展到無形的領域，包括文化（人的行為、思想與習慣）、服務流程、組織運作、環境改善與商業模式等。

鑽研設計的義大利學者羅伯特．維甘提（Roberto Verganti）在《設計力創新》（Design-Driven Innovation）一書中，對設計提出一針見血的看法。他認為，「設計」的詞源具有「賦予事物意義」的含義，設計不是去滿足、維持既有的意義，而是改變產品原本被賦予的意義。

因此，設計是先賦予事物意義，再帶動意義的創新，設計不只是設計師的責任，只要有心解決問題，創造新的意義，人人都能成為設計師。

當風土結合設計，就有助於創造風土經濟。風土設計是先了解既有風土脈絡的內涵與意義，並了解潛在顧客的感受與需求，重新組合、提升風土內容之後，再對社會大眾提案，提出體驗內容的風土新意義。

因此，一個努力振興地方的風土設計師，需要具備三種能力。首先是「挖掘意義」，深入了解風土人文脈絡；其次是「產生創意」，思考如何創新內容，賦予新意；第三是「帶動生意」，能夠對市場大眾提案，帶動人氣與經濟。

人人都可以是地方的風土設計師，風土經濟學方法論更希望培養地方創生的人才種子，發揮「專一」的力量，創造家鄉「唯一」的特色，讓旅人體驗「獨一」的魅力。

風土是我們的資產，也是我們的未來，如何從中找出價值，運用方法轉換與創造，才能讓我們的土地、我們即將消逝的生活、生產與生態資產，重新活化起來。

期待本書陪你創造不平凡的「一」，讓台灣能擁有無數的「一」。

第一部

風土如何經濟

——機會與挑戰

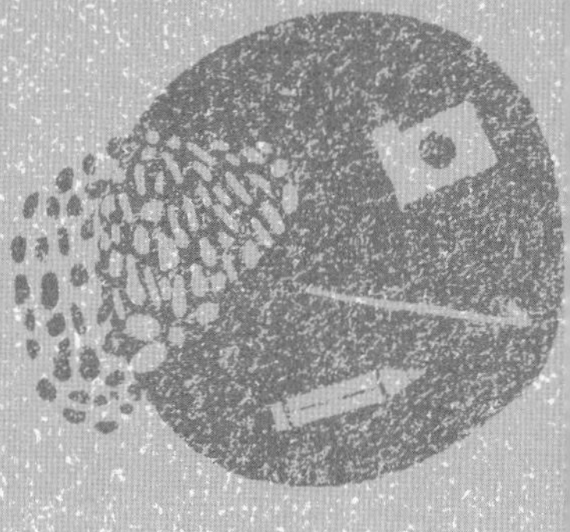

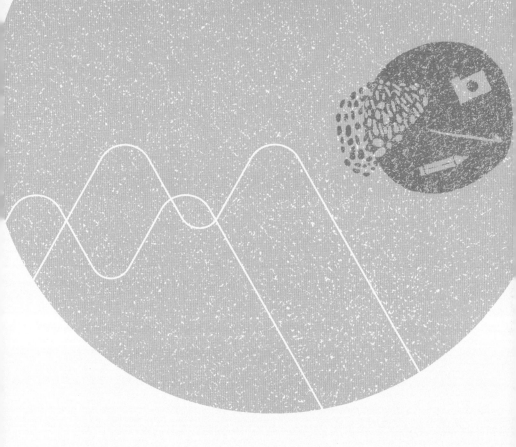

Lesson 1

老風土，新商機

風土資源具備了哪些優勢？能帶動什麼樣的體驗經濟？

風土經濟學第1課的主題「老風土，新商機」，談的是看似很傳統的風土，在這個網路科技盛行、經濟變動快速的時代，憑什麼能為地方創造新商機？

在探究老風土要如何創造新商機之前，我們先研究一下，「風土」這兩個字到底有什麼深意？談及風土，歐美世界都會提到法文 Terroir 這個字，中文即翻譯為風土。這個名詞過去主要應用在葡萄酒產業，尤其是法國十多個產區的葡萄酒，Terroir 意思是在特定地理空間限制下，這個地方獨有的氣候、土壤、溫度、品種與種植方式。

Terroir 其實有政治介入的影響。法國政府透過組織的力量，規定了葡萄酒製造的五個重點，包括葡萄產區、品種、種植方式、單位土地面積的產量以及釀造方式，做出一系列的分級系統，也建立法國葡萄酒在國際間的地位。

對華人世界來說，風土並不是外來新鮮名詞。中國很早就有風土的概念，大家小時候可能都聽過周處除三害的故事，晉朝的周處，小時候除了除三害，長大後也是風土最早的代言人，他寫了一本《風土記》，主要記述地方風俗的沿革起源，現代人要了解端午、七夕、重陽等習俗的起源，幾乎都是從這本《風土記》追溯起。

後來唐朝、宋朝也陸續有人撰寫各地的風土記，主要都是風俗民情、地理景觀、物產與生活樣貌，連日本也沿用中國的風土二字，成為日本天皇了解轄下各地民俗、農業、歷史的文獻報告。

因此，東方世界的風土概念，比西方國家的 Terroir 還寬廣些，不只談地理空間與農業，更包含民俗風情與生活樣貌。但是，這跟現代的風土經濟學有什麼關係呢？

我歸納出現代風土的三大特色，就是「天」、「地」、「人」的新詮釋。風土拆解開來，是氣候與土地，以及夾在中間生活與工作的人們，而這正是傳統提到的天（氣候）、地（土地）、人（具有生活與生產技術）。當天、地、人老風土遇到全球在地化的新趨勢，會產生什麼新火花？創造什麼新商機？

因為近年來食物安全的問題層出不窮，加上大量單一化的產品充斥貨架，在眾多競爭壓力下，大眾化市場逐漸被區隔成各種分眾的市場，中產階級喜愛多樣化、個性化的物產、地區與店家，更重視品質、品味與品格。品質、品味與品格代表什麼？就是品質要好、品味要獨特、品格要誠實，才能夠吸引這群挑剔的消費者。

就像法國葡萄酒分級制度創造的風土經濟學，從生產、飲食到生活文化，細膩地展現法國的風土優勢，我們也要更細膩的挖掘、建立自己的風土經濟學優勢。

跟資源豐富的大城市相比，一般鄉鎮村落甚至社區，包括想在地方創造獨特優勢的店家、振興農村的地方青年，更需要從各自的風土資源中，歸納盤點與創造三種風土優勢。

風土資源具有生活、生產與生態三種優勢

我認為，風土資源具有生活、生產與生態這三種優勢。

第一是生活優勢。在各地獨特的氣候與土地條件下，人們長久以來形成的生活特色、飲食文化與習俗。

第二是生產優勢。在特定風土條件下生活的人們，有沒有獨特的耕作、生產、製造與加工的技術，讓此地的物產、工藝品格外不同。

第三是生態優勢。在特定自然與人文脈絡交織下，這個地方有什麼不同的、多元的生態系統，自然風光或是人文景觀，可以讓人前來體驗感受。

找到屬於自己的三種風土優勢，我們還需要了解目前的經濟發展模式，才能跟趨勢接軌，創造商機，建立獨特的風土經濟。

經濟發展模式代表消費市場的需求變化，以及可能衍生的商機。目前世界的經濟模式出現什麼變化呢？主要是兩極化狀況，一種是網際網路的線上經濟，另一種是網路之外的線下經濟，線下經濟發展到極致，就是體驗經濟。

線上可以完成的事情，又快又簡單，節省消費者的購物與等待時間，但是消費者不會只滿足於線上的快速經濟，他們也想花時間去親身體驗、感受實體現場的魅力。

線上經濟是省時間，線下經濟是花時間。就像線上遊戲與消費活動永遠無法取代實體的旅行、遊樂園與逛街遊玩的真實感受，風土經濟學就是要創造體驗經濟的價值，讓消費者願意花時間前往各地的小鄉小鎮，感受大城市沒有的特色價值。

我以《體驗經濟時代》（The experience economy）一書的經濟發展模式金字塔，說明風土經濟與經濟模式演變的關聯。經濟金字塔也是經濟價值的演化過程，從下往上依序是商品經濟、服務經濟與體驗經濟。

什麼是商品經濟？商品經濟就是製造標準化商品，靠成本與售價的差異，賺取利潤，這是工業經濟的主要模式。服務經濟呢？賣的不是有形的商品，而是無形的服務，根據顧客需求來客製化，滿足消費者的需求。金字塔頂端的體驗經濟又是什麼？體驗是一種服務，但不是以客為尊的客製化服務，而是對顧客展現我們的獨特個性，讓他透過現場的親身感受，了解我們的特色，創造難忘的感動，成為美好的回憶。

體驗經濟的價值，在於不只是提供商品跟服務，而是創造一場難忘感動的親身經歷，商品跟服務只是其中的道具，難忘的回憶與故事，才是顧客的需求。尤其，體驗經濟是根據體驗的時間歷程來收費，唯有獨一無二的特色，吸引大家前來體驗，才能突破商品經濟與服務經濟的過度競爭。

當我們了解體驗經濟的價值，才能進一步思考，如何將風土經濟轉換成為體驗經濟，讓小鎮農村，成為值得花時間前往的地方？

風土經濟學，展現地方特色的體驗經濟

過去談到風土經濟的論述，都以法國葡萄酒產業為主，那是自產自銷，傳達獨特的生活、生產與生態特色，而其他具有風土特色的熱帶國家，只能提供勞力與土地的原料經濟（比商品經濟更低一階），創造的價值很有限。現在風土經濟要從原料經濟、商品經濟提升到體驗經濟，才能創造更高的價值。

首先，要找出各地在生活、生產與生態上的特色。有了不同層次的特色，才能串連成一場場精心設計的體驗內容，讓消費者願意花時間細細品味與感受，不是追逐外在流行，複製他鄉已有的特色，才能讓老風土創造新商機。我甚至認為，所有的風土經濟學，都應該是能展現地方特色的體驗經濟。

舉個例子。日本新潟的越後妻有地區，因為人口老化、產業空洞化，透過三年一次的大地藝術祭，邀請日本與世界各地的藝術家，根據在地風土人文創作各種藝術作品，藝術作品不僅散落在兩百多個村莊，許多廢棄的學校改成美術館、餐廳甚至民宿，也帶動周邊的住宿與餐飲。旅客得花三天以上時間才能了解這裡的風土民情與藝術作品，了解這裡的

生活樣貌、獨特物產，例如酒、米、工藝品，以及這裡的梯田、河川、山陵等生態。

大地藝術祭雖然只在秋天舉辦，舉辦七屆以來，已經吸引近兩百萬的參觀人次，從生活、生產到生態，都是風土經濟的極致展現。我已去了三次，也跟繪本作家幾米合作，改造當地的兩個火車站，我還擔任導遊帶近三十人的旅行團進行五天的深度體驗。我們白天在各村落看藝術作品，吃各地美食，晚上去泡湯、逛超市，買他們知名的吟釀來喝，最後離開新潟時，還採購大量的伴手禮。

像這樣子的藝術季，也在日本與台灣各地掀起熱潮，大家開始舉辦屬於自己的藝術季，希望吸引觀光客人潮，振興地方經濟。

當網路科技與ＡＩ人工智慧發展到極致，重視慢活與心靈沉澱的風土經濟學，成為城市人熱切需要的養分。但是，如何盤點地方的風土資源與人文脈絡，串連生活、生產與生態，不要變成模仿抄襲，又能整合地方資源，活絡經濟，又是一門大學問。

台灣各縣市很努力透過大型活動吸引人潮，人潮來了，卻往往忽略整合風土資源，讓旅人可以感受到這裡的特色，甚至透過策劃各種體驗活動、伴手禮，傳達這片土地的風味，繼而創造商機。我在各地現場感受到的，常常都是像夜市擺攤一樣，只是搭個帳棚，跟業者收租金，業者把商品放在桌上，被動的等待過路客上門。

淺碟式的夜市文化，無法帶動地方的體驗經濟

以二〇一九年屏東大鵬灣的台灣燈會為例，現場每日湧入近百萬人潮，但是現金轉換率不高，我觀察到許多地方業者繳了好幾萬元的攤位租金，枯坐在現場，幾乎沒有太多購買率。有位種植與銷售屏東咖啡的業者說，遊客很少注意到他們，還會嫌屏東本土種植的咖啡太貴。也有旅客向現場烤玉米業者殺價，業者無奈的說，他付了很多租金，客人再殺價，連成本都回收不了。跟現場耀眼燈會與湧動人潮相比，在地業者相對沉默無奈。

屏東的在地風土，除了以燈會的有形裝置呈現，商機很難有系統地創造外溢效果。問題出在哪裡？因為我們太重視花大錢呈現有形的硬體，然而如此做法，除了一時的「我屏東我驕傲」情感熱血，能得到什麼實質效果？

我們來算算帳，這筆五億的燈會資金，花完之後，到底實質得到什麼？是成本還是投資？我認為，應該視為一筆把餅做大的創業資金，吸引了人潮，更要創造錢潮，甚至帶動在地體驗經濟的能力。

例如如何將屏東各鄉鎮的特色，透過現場區域概念呈現。線上透過網站、臉書粉絲頁來宣傳與介紹，同時推出限定版的物產，製造旅人的期待。線下的現場活動，藉由小型體驗活動、伴手禮、農產品來傳達內涵，讓業者能夠與遊客現場交流，更能刺激商機，讓旅人不只帶走對燈會的感動，還能帶走對屏東風土的回憶。就像我們去美國、東京的迪士尼樂園，或是大阪的環球影城，紀念品商店總是擠滿人，就是遊客們趁離園之前，把握機會，帶走各種回憶。

我們的各種大型活動，除了訴諸人潮，卻沒有想過希望遊客能花錢帶走什麼，而只是像燈會、像各地老街、像各種傳統市集一樣的招商模式，把攤商集中起來，沒有分類、策展與包裝，在旅客眼中，都是千篇一律的內容，自然不會停留。沒有重新包裝加值，我們永遠只是淺碟式的夜市文化。

另外，我們習慣「中心化」的思維，資源大量集中，不懂得疏通分流，擴大效應。屏東燈會幾乎都集中在大鵬灣，人潮導致交通接駁問題，遊客花很多時間排隊等車。然而屏東這麼大的區域，有山有海有離島，更有城市與部落，擁有多元的族群文化，是一個絕佳的風土舞台，大量人潮來到這個熱帶南國，卻沒有導流到各個區域，非常可惜。

除了大鵬灣的燈會，屏東還有什麼？隔年的燈會已不會在屏東，屏東好不容易透過燈會引來人潮，要如何增加大家的記憶點，創造下次再訪的吸引力，就要在這次的燈會埋下誘因。

如果能類似先前提到的日本新潟大地藝術祭典，不同區域村落都有藝術作品，連深山裡不易到達的地區都有特別設計的作品，就可以吸引旅人四處走訪，順便認識不同人事物、餐廳店家，進而帶動地方活力與商機。

屏東大鵬灣的燈會活動，可以將一部分展覽活動分流到其他區域，扣連不同地方文化特色，讓客人分散到屏東其他區域，不僅帶動住宿、飲食與旅遊，更能帶動商機的外溢效果。這些體驗行程一旦變成話題與口碑，就會成為日後旅人再次前往的誘因與動機。

最厲害的行銷，就是找到對你上癮的顧客，最厲害的風土經濟學，就是找到對你家鄉風土上癮的旅人。風土商機都在，只是我們如何站在業者與遊客的角度，重新設計，才能讓風土更有意義，更能創造好生意。

課後複習&練習

第1課主要討論風土資源具有三種優勢，包括生活、生產與生態。請你想一想：

①你的家鄉、你的事業所在地，有什麼風土特色？

②將想到的風土特色，從生活、生產與生態三個面向進行實際調查與資料蒐集。

③歸納整理調查結果，每個面向各列舉三個特點，此即是可進一步發揮的亮點。

Lesson 2

青年返鄉新挑戰

返鄉青年面臨哪些接踵而來的挑戰？但看似龐大的問題不一定要馬上解決？

青年返鄉務農，從事社區工作，經營民宿、餐飲與生活空間，已經蔚為風潮。加上許多大學紛紛成立與在地連結的產學合作、人文創新中心，都是希望餐飲、觀光、設計、文創相關科系的學生，能夠參與社區合作，透過解決地方問題，達到學以致用的目的。

另外，這十年來，政府陸續推動各種計劃，例如農村再生、青年洄游，甚至是地方創生，經費不斷挹注在地方單位、顧問公司、學校組織與青年學生身上，想透過官方力量，改善城鄉差距日益龐大的問題。

由於我長期在台灣各地從事旅行規劃、顧問輔導與政府部門的評審工作，經常接觸各地的返鄉青年、學生，也會帶領青年學生進行田野調查，深入了解中央單位、地方政府、標案顧問公司、社區組織、公益團體與學校機構的運作，有不少親身參與的心得。知道看似熱鬧的表象，背後充滿艱難挑戰。

先說一個故事。二〇一三年我在台東成功鎮的阿美族部落比西里岸進行輔導與田野調查（請參見第5課：旅人的思維（2）——感受旅人的感受），計劃負責人、同時也是「墨色國際」（幾米的經紀公司）總經理李雨珊，當時正好擔任成大的業師，帶了十多位學生來比西里岸進行三天的調查研究。

中午吃完飯時，我請這群大學生分享這幾天的觀察。他們提出很多問題，例如交通不便、公車站牌標示不清、部落內部沒有共識、住宿環境需改進、年輕人跟老年人想法不同……。大家七嘴八舌，越講越興奮，談了一堆問題。我聽完之後，提醒大家，問題真的很多，但能否避免重複「問題」。大家觀察到什麼地方特色？什麼有趣現象？如果沒有仔細觀察、了解現狀，就無法準確的掌握問題。

大家都會提問題，但是很少人去思考解決方案。以九菜一湯為例，我指著餐桌上的那碗湯，就是核心問題。如果沒掌握核心問題，周圍的九道菜都是小問題；如果都在解決小問題，一個問題還會衍生更多問題；如果把核心問題解決了，其他問題往往不再是問題。例如交通有問題，但只要地方特色有吸引力，交通就不會是最重要的問題；例如沒共識，只要找到共同生活特色，創造自信，共識就會逐漸產生。要找到核心問題，針對問題去提出解決方案，否則問題會一直是問題，而我們就像是罹患分析痲痺症一樣，充滿無力感。

然而，看似龐大的問題不一定要馬上解決，不如繞過問題，先深入了解在地人的痛點與期待，找出可具體解決的目標。同時還要透過深入觀察與訪談，才能挖掘地方特色，並將特色整合成轉變的亮點。接著，要能夠想像未來，再來回推，若要達到這個未來，需要哪些資源與協助。現狀突破之後，我們一開始認為的問題，就不一定是問題了。

我跟學生說，那個想像的未來，就在部落的風土資產中，只要你投注更多時間，細心觀察與訪談，就能為地方找到改變的機會。

以少變巧的創新能力

風土經濟學的意義，在於先深入了解地方風土的生活、生產與生態狀況，接著運用創新思維與實踐能力，進一步活化地方風土的生活、生產與生態。

關鍵在於以少變巧的創新能力。一個想要振興地方的青年、或者要轉型升級的中年人，除了熱情與使命，面對停滯的家鄉或事業，就需要具備風土設計師的視野與能力。

城市與鄉鎮的落差，關鍵不是硬體，而是軟體，這個軟體是多元人才相互競爭產生的創新能力。

著名城市與建築學者珍．雅各（Jane Jacobs）在《與珍雅各邊走邊聊城市經濟學》（The Economy of Cities）寫道，城市因為創新而偉大。她認為，世界上充滿活力、經濟發展蓬勃的城市，共同點就是具備「創造新工作」的能力。

創新動能不是來自大企業財團，而是為數眾多的小公司，小公司善於觀察市場需求，勇於嘗試與創業，失敗率高，但一旦成功，就能為城市帶來爆發性成長。

城市因為創新而偉大，相對缺乏硬體資源、人口老化、人才不足的地方小鎮農村，更需要透過創新來改變停滯的現狀。這個創新觸媒，就是從城市返鄉、汲取創新經驗與能力的青年，或是中年人。

我曾帶家人去台灣東部旅行，實地體驗青年舉辦的在地活動，也曾到苗栗走訪返鄉青年創辦的事業，截然不同的對比，讓我看到了返鄉青年的機會與挑戰。

返鄉青年所面對的三大挑戰

首先是返鄉青年可能遭遇的三大挑戰。

第一項挑戰，是對在地文化的耕耘與理解不夠深入。文化看似抽象，其實就是常民生活的總和。包括大範圍的族群歷史、風土脈絡、節氣飲食、農業活動與傳統工藝，以及微小聚焦的村落歷史、村民生活狀況與個人特色。由於在地人長久生活其中，習以為常，並不重視，或是逐漸沒落凋零，急需重新爬梳整理，這些都是青年可以深入著墨的地方。

例如我遇到一位耕耘很久的青年P，經常串連各地青年辦講座、辦活動，雖然對在地人事點點滴滴都很熟悉，但是問到生活細節，或是更深入的歷史文化內涵，就無法說明得更深入，導致在設計各種活動行程，或是地方導覽時，能夠講的故事很有限。

然而，另一位老家也在同鄉鎮的朋友，講起家鄉的飲食文化，可以比較住在海邊的祖母與住在山邊的外祖母，兩家的飲食習慣，年菜的食材特色，即使是同個小地方，也能呈現微型風土的差異。這個餐桌故事的差異，讓我充滿好奇與想像，這就是旅人的思維，也是旅人來訪的動機。

如果青年P能花時間訪察整理地方的飲食文化、節氣食材，甚至菜市場小吃、攤販的故事，就有許多對外溝通的故事，也能設計豐富的體驗活動。然而P平日工作忙碌，接各種政府案子、辦活動，如此一來，只是將政府資源當作薪資，而非投資，就無法突破，更沒有累積。

第二項挑戰，是對外連結的溝通能力需要加強。因為地方小，人脈重疊，青年們容易滿足於小團體、同溫層裡的交流，沒有更大的目標。例如跨領域、跨專業的溝通，找到更多、更豐富的人脈與資源，協助改善村落問題，或是帶動更多人關心與了解。

根據我實地體驗青年們規劃的活動，發現做事細膩度不夠，沒有從顧客需求與感受出發，導致體驗內容的吸引力不足，品質有落差，價格策略也沒有市場性。這代表他們旅遊經驗不足，不了解顧客感受，導致不知道品質、流程跟價格的關聯。這個結果，會導致缺乏從客觀角度、顧客角度反思的創新思維，進而無法串連與擴大資源。

第三項挑戰，是無法獨立經營。由於對外連結能力有限，很難有好的收入來支持他們持續留在地方，導致青年們不是四處打工賺錢，就是要一直找政府小案子來執行，沒有更長遠的思考，累積更多的經驗，容易原地踏步，不能有效整合資源，甚至擴大資源。

他們都具有扎根在地的理想，但是理想不夠具體，也沒有確實執行的細膩度，導致陷入不上不下的窘境，無法進一步融入在地，也無法帶領在地向前邁進。

雖然有不少人遇到這三種狀況，但仍有不少地方青年，運用自己的力量跟創新思維，創造出讓人驚喜的成果。

返鄉青年應培養的三大優勢

返鄉青年同時應培養三大優勢。

第一，扎根在地，又能對外連結。經營「藺子」藺草手編工藝工作室的廖怡雅，大學畢業來到苗栗苑裡，參加當地的地方組織，致力於復甦瀕臨消失的藺草工藝。

支持廖怡雅的理事長過世之後，她的想法跟在地人有落差。地方組織因為有各種標案，可以勉強生存，容易安於現狀，她卻很想繼續深耕，整理即將消失的編織工法，如此才能一步步復興藺草工藝。然而要找出編織工法，需要有訂單，才能讓在地媽媽們接單編織，廖怡雅才能進行記錄。

既然在組織內無法實踐理想，廖怡雅毅然決然在苑裡租下店面，嘗試透過商業經營來帶動藺草文化。而公部門的經費，就是支持她創業的活水。

由於她花很多時間了解藺草工藝，也了解在地文化，當創立「薰衣草森林」品牌、銷售台灣在地產品的「森林島嶼」看到由她設計、在地媽媽編織的草帽，非常特別，跟一般苑裡在地草帽樣式不同時，馬上來洽談訂單。

跟品牌合作的好處，在於不斷有市場意見回饋，能藉以提升技藝能力，以更貼近需求。經過初步市場銷售測試，獲得不錯的成績之後，森林島嶼下更多訂單，廖怡雅再針對市場需求做更細膩的修正。

這是一個正向循環。廖怡雅也為森林島嶼的銷售人員做教育訓練，溝通苑裡藺草帽的故事與特色，同時有好的收入可以雇請員工，也能用好的代工價格（她一頂草帽的代工費比在地行情高出甚多）讓更多在地媽媽願意參與製作，從原本固定合作的十多位，增加到三十多位。

當更多在地媽媽願意重拾傳統編織工藝，廖怡雅的團隊就有更多素材可以記錄，了解各個媽媽的編織手法與故事，帶動更正面的循環，不斷精進品牌價值。廖怡雅創辦的「藺子」，成為台灣人甚至日本、香港遊客喜愛且實用的台灣工藝品。

這就是對內整合與對外連結的最好示範。先鎖定在地文化某個點具體挖掘，慢慢累積記錄，透過年輕人的創意視角，重新改造混搭，當機會來臨時，就能夠創造市場獨特的內涵。

第二，建立溝通平台，帶動在地整合。在苗栗市經營「老家咖啡」的陳鵬文，原本是在台北工作的電影人，返鄉之後，將老家倉庫改造成咖啡館，跟在地與外來朋友以咖啡會友，慢慢透過各種藝文活動，或是走訪街角的小旅行，累積人脈，輪流在咖啡館進行座談、策展與表演，吸引更多外地青年來此走訪，甚至留在老家咖啡工作。經過幾年的努力，他們有了不錯的成績，也有穩定收入能夠養家。

陳鵬文會固定到小學提供免費的甜點教學，也跟醫院、社區跨領域合作，擴大公益影響力。他們對病友、醫護人員提供免費手沖咖啡與甜點，醫院護理師再到老家咖啡舉辦社區講座，分享醫療專業與生命故事。

當台中「勤美集團」在苗栗造橋買下老舊的香格里拉遊樂區，重新改造成帳棚式的「勤美學」深度體驗旅遊，也發現老家咖啡的資源整合能力，邀請我跟他們認識。當我與勤美學合作，舉辦兩天一夜小旅行，就邀請老家咖啡團隊在第二天早上表演吉他演奏與示範手沖咖啡，讓更多外地人認識他們的用心與故事。

第三，直接與消費者互動溝通，創造自主經營能力。苗栗公館鄉的芋頭，長期以來一直被當成大甲芋頭銷售，若不如此，則收購價只有大甲芋頭的一半。為了突破現狀，讓公館芋頭被重視與正名，第二代返鄉青年、原本是內湖科學園區資訊工程師的郭秩均，決定成立「馬郭芋頭」品牌，不透過大盤商收購，直接跟消費者溝通，努力推廣公館芋頭。

幾年下來成績一直不夠好，他開始轉型用芋頭體驗來推廣公館芋頭，包括帶客人採收芋頭，體驗製作芋頭泥、芋頭奶酪的過程，讓客人親近芋頭，也能帶動買氣。逐漸有不少遊客組團體驗，讓馬郭芋頭品牌被打響。

郭秩均平日還是跟父親種植芋頭，假日則推展體驗活動，讓他有兩種收入，不僅活絡在地經濟，也讓品牌被更多人認識。因為有了口碑，勤美學的旅行體驗也找他合作。如果他沒有持續努力，就不能被其他領域看到，進行更多合作連結。

人類學大師李維史陀在《李維史陀對話錄》（De pres et de loin）說：「畫家的技藝不在於複製真實的東西，而在於實在的再創造。畫家不是亦步亦趨地再現他所見到的東西，而是重新排列了各個要素，把它組合成抒情的主題。」

苑裡的廖怡雅、苗栗市的陳鵬文，以及公館的郭秩均，就是扎根地方，又能運用創意與行動力的風土設計師。他們引導正向循環，持續精進能力，不僅創造風土經濟，帶動更多人參與，也激發更多改變的可能性。

課後複習&練習

第2課強調青年返鄉創業時應培養的三個優勢。想返鄉創業或已耕耘地方的青年，請你想一想：

①**扎根在地，對外連結：**你在扎根地方，以及與外界的連結上，做了哪些事情？遇到什麼瓶頸？

②**建立溝通平台，帶動在地整合：**你是否已經跟在地朋友建立溝通平台，彼此交換資訊，共同整合資源？如果還沒開始，你預備怎麼做？

③**與消費者互動溝通，創造自主經營能力：**你是否已經透過市集、網路、活動與顧客互動溝通？你的營收或資金來源，主要是政府部門，還是消費者？是否有計劃降低政府補助，透過商業運作累積營運資金？要如何辦到呢？

Lesson 3

活化風土資源，複眼新視角

如何養成昆蟲般的複眼？如何同時扮演高空的老鷹，以及掘土的蚯蚓？

進入具體實踐之前，重要關鍵不在著手執行，而是我們的視野與想像力。前提是我們的視野是否夠寬闊，視角是否多樣化，才能重新看待既熟悉又陌生的家鄉，究竟是荒原，還是花園。發現自己的特色與優勢後，接著才能進一步思考，如何運用不同的視角與思考脈絡，檢視我們家鄉與事業現有的風土資源，沒資源如何創造資源，有資源如何整合資源，誘發更多可能。

成為風土設計師最重要的先決條件，就是擁有多樣化的視角。這就像是昆蟲的複眼，藉以同時檢視與調整自己周圍的風土資源，創造新優勢。風土設計師至少需要擁有四個複眼新視角，要從家鄉的內部和外在觀點來考量，又要能兼顧細節與大局。

局內人的老鷹與蚯蚓視角

首先是局內人。如果你是身處在地方或組織內的局內人，要化身高空的老鷹，也要成為掘土的蚯蚓。這是一種垂直的視角，老鷹代表從上而下的策略端，蚯蚓則是由下往上的執行端。

老鷹的視角，讓我們從領導者的高度、長遠的格局去思考現狀。問問自己：希望家鄉未來要走到哪裡？長什麼樣子？跟其他城鎮鄉村、其他地方組織、其他風土企業相比，我們有什麼差異與特色？擁有一定的高度，才不會只是跟隨潮流，甚至被潮流淹沒。

除了老鷹的鳥瞰高度，還需要了解執行的細節，也就是蚯蚓的深入鑽研。有句話說，魔鬼就在細節裡，如果沒有紮實的運作與調整，再崇高的理想也是枉然。問問自己：哪些人、事、物可以成為我們連結的資源，對內溝通與執行上會遇到什麼困難？該如何處理？需要進行哪些教育訓練？服務上如何提升品質？種種細節，都是成功的關鍵。我們若是眼高手低，忽略執行上遭遇的種種挑戰，即容易分散資源。相反地，若是太貼近執行面，又會過度拘泥現實，忽略了要達到的目標與未來，成了眼低手高。

因此，同時擁有老鷹與蚯蚓的視角，才能突破自己家鄉與事業的限制，整合與創造資源。

儘管如此，還是容易陷入當局者迷的框架中，為了追求效率，忽略潛在的商機與危機。

這是前言提到的，振興地方最關鍵、也最容易失敗的地方，就是身處其中的在地人，容易陷入過度自卑與過度自信的矛盾，不是模仿抄襲、失去特色，就是閉門造車、缺乏創新，更不了解市場需求。

舉個例子。一般去美濃的遊客，往往都是待幾個小時就離開，我曾經規劃美濃兩天一夜與三天兩夜的旅行，一位研究美濃旅行跟導覽解說的研究生、同時也是美濃在地組織成員李洛鈴，即好奇我的行程設計與帶路方式，她雖然就住在美濃，還是報名參加。

李洛鈴發現，美濃在地導覽員碰到一個困境，一旦大型旅行團的導遊學會在地人的導覽解說，就不會再花錢聘請解說員，讓他們很苦惱。此外，她雖然受過美濃在地導覽解說訓練，這趟旅程卻讓她受到衝擊。她發現，導覽解說跟小旅行的說故事方式截然不同，導覽解說重在解說，與旅人的互動較少，也不會引導旅人去店家拜訪、消費，「像隔層玻璃看地方」。而我規劃、帶路的小旅行，會動員連結更多人，更能獲得旅人的認同，也能凝聚店家、農人的力量。

她跟地方朋友分享心得，卻不受關注，也沒有太多討論。之後，她將我規劃、帶路的小旅行，以及跟美濃在地既有導覽的差異，寫進她高師大客家文化研究所的碩士論文《「觀」美濃什麼事？一個客家鄉鎮在不同旅遊階段下的解說策略》裡。論文寫道：「到了美濃，旅客不再是『客』，而是『人』，進入在地居民的後台，『參與』其生活，此時期的解說策略也由解說員的『說』，改為由居民直接面對遊客，自己說自己的故事。作為引路人也不輕鬆，需要找到更多當地人一起解說、一起演出，不是單純把人帶進來。」

我的初衷不是要介入地方組織，而是希望跟地方組織合作（例如美濃農村田野學會、旗美社區大學等），提出不同於既有的美濃旅行方式，站在旅人的角度，思考如何讓更多人體驗美濃的文化與農業，同時提升在地的價值與競爭力。若要不怕被外來旅行社抄襲，還是要跟地方導覽解說員合作。

藉由這段往事，我想傳達的是，地方青年、組織如果想突破與創新，創造更多意義，局內人需要擁有另種複眼，那就是局外人的角度。

局外人的人類學家與旅人角度

局外人的思維，往往才是創造風土經濟學的關鍵。

我們千萬不要妄自菲薄，以為「創新」這兩個字，都是大城市、大企業、網路科技公司專屬的名詞，其實自家鄉鎮的風土資源更需要創新。轉換成局外人的角度，就能擁有跟傳統地方人士不同的想法，找出創新改變的契機。

局外人具有兩種水平的視角，第一個是類似進行田野調查的人類學家眼光。人類學家的專長是，細膩思考每個地方生活與文化的來龍去脈，細心的在每個隱而未顯的地方，找出被當地人忽略的特色。人類學家能身在其中，又跳脫出來，用客觀立場看待組織運作，有什麼當事者沒注意到的特色甚至問題，進而賦予意義。

再者，我們最缺乏的往往是反向思考，即從市場端來思考自己的優勢，以及劣勢。另一局外人的視角，就是要從顧客的角度出發。這裡所謂的顧客，包括使用者、消費者或受影響者，從他們的需求與感受去思考，檢視我們提出的計劃、地方的特色，是否符合外界的期待與需求，能否讓顧客感動，達到我們的目標。

以日本大地藝術祭為例，有一個只有冰雪與梯田，看似沒有太多特色的區域，因為地勢遼闊，風特別強，藝術家因此製作了一個木架，掛上兩張大白布，命名為「失落之窗」。從當地人的角度，強風與田地都是習以為常的事物，但是從城市人的角度，大地上放了一扇窗，讓平凡的土地出現一個焦點，不僅增加吸引力，更是無形的心靈之窗。

以時間、空間與人間三維度溝通地方特色

前面提到的複眼新視角，能幫助我們更有創意的看待風土資源，以及組織人力的運作狀況。但是面對龐雜的風土資料，還需要有三個維度，才能有效地駕馭與消化，落實在風土經濟學之中。這三個維度就是時間、空間與人間。

先談談時間。時間有兩個概念，一個是地方過去的歷史沿革與變化。這裡發生過的重要事件，對生活、生產與生態帶來什麼影響。第二個時間概念就是二十四節氣。雖然二十四節氣發源自古代中國的黃河流域，但是台灣位在北緯二三．五度，有自己獨特的海島型風土節氣脈絡，加上中央山脈、海岸山脈的縱深影響，以及太平洋、台灣海峽的環繞，又

有東北季風與西南氣流交互照拂。台灣雖小，卻極為豐富多元，北、東、南、中四大區域各有不同的節氣生活、生產與生態變化，只要按照季節遞變，就能把這些訊息一一歸納定位。例如春分時，我們的飲食如何？有什麼物產？生態景觀是什麼模樣？就需要整理清楚，才能知道當不同節氣降臨時，要如何對外傳遞家鄉的特色。

掌握了時間軸，再來就是地理空間的特色。我們家鄉的地理條件是什麼，山川河流構成的質地，日照與雨量狀況，對當地生活、生產與生態的影響。這些空間限制與影響，就是讓我們家鄉之所以獨一無二的條件，沒有任何地方可取代，前提是能否細緻的搜尋整理，挖掘出獨特的空間內涵。

有了時間與空間構成的脈絡，再來是最重要的人間。人間包含地方生活者、食物料理者、農作生產者、器物製造者等的經驗與故事。因此，我們需要重新認識地方的食衣住行、教育娛樂、慶典活動，這些日常生活才真正構成地方源遠流長的文化。

只要我們透過仔細的訪談、整理與考察，將時間與空間的維度放入，找出獨特的生活、生產與生態風土樣貌，就能將我們的日常，變成外地旅人的收藏，創造我們的風土經濟學。

有脈絡才會熱絡，有細節才有感覺

掌握了時間、空間與人間之後，再來就是運用風土資源對外溝通，創造吸引力，帶動體驗經濟。我們要注意兩個重點：

第一個重點是，「有脈絡，才會帶來熱絡」。先把複雜變簡單，將地方龐雜的生活、生產與生態資料，轉化成有脈絡的內容，可以溝通的亮點，讓大眾一目了然，馬上知道地方的差異與特色。

第二個重點是，「有細節，才有感覺」。掌握了脈絡亮點，就能初步引發旅人的興趣，再來則要從旅人的感受來思考體驗的深度。也就是說，我們要再把簡單變複雜，讓脈絡與亮點，透過行程設計、餐飲體驗，讓旅人能實地感受地方的質感與細節。

再舉個例子。日本除了大地藝術祭，策展人北川富朗也規劃了日本瀨戶內海小島的藝術祭，同樣是三年一次，稱為瀨戶內海藝術祭，我也去了兩次，跑了十多個小島，每個島上居民從數十人到數百人不等，讓我印象最深刻的是一個叫伊吹島的小島。

我們七月去旅行的時候，正是伊吹島沙丁魚盛產的時刻，島民刻意選在最忙碌的時期開放觀光，他們認為，唯有在這時候，外地人才會看到他們生活的細節，感受他們最真實的樣貌。

伊吹島偏遠，我們搭火車，接著搭船，前後花兩個多小時才抵達島上，一上岸就看到居民忙著整理一簍一簍的沙丁魚乾，我們忙著照相、試吃，買了不少沙丁魚產品。接著大家搭小貨車蜿蜒上山，到一家民宿用餐，吃的都是當地人捕撈的生魚片。用完餐，慢慢一路散步下山，參觀一些戶外藝術作品，包括用浮筒、漁網做成，讓大人小孩可以一同玩樂的玩具。

我們最後走到一座廢棄的中學體育館。走到門口時，工作人員神祕兮兮地讓我們稍等一下，接著他拉下遮住門口的塑膠布拉鍊，當我們走進體育館室內空間時，我們一家四口不禁同時「哇！」的叫出來，因為整層體育館被巨幅水墨畫包覆起來，這是藝術家從海上觀察伊吹島所繪製的作品，我們在體育館中自由奔跑、拍照，非常難忘。

伊吹島雖然資源有限，只出產沙丁魚、海鮮、漁產器具等，但是透過時間、空間與人間三個維度串連起來，五個小時內，我們體驗了沙丁魚乾工廠、民宿午餐、戶外藝術作品與體育館，深度感受小島上「有脈絡，才會帶來熱絡」、「有細節，才有感覺」的特色。

這些生活、生產與生態的風土資源能夠被串連與重組，來自於複眼的思考與執行。包括局內人從上而下的老鷹視野，由下往上的蚯蚓深度，以及局外人的人類學家眼光、從消費者感受出發的角度，四種視角的交織，才能找出風土經濟學的優勢與商機。

課後複習&練習

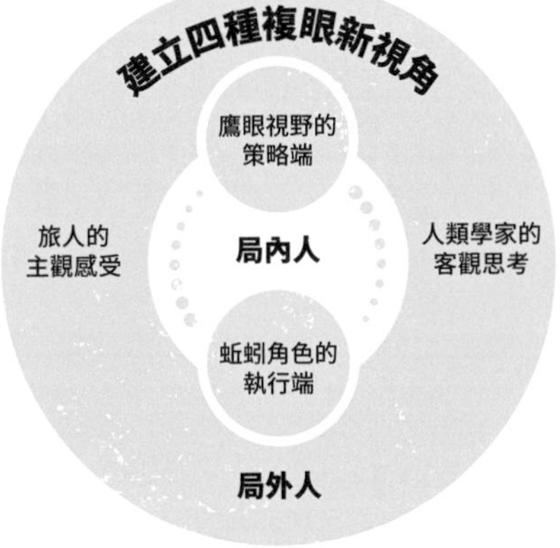

複眼視角分成兩個層次與四個角度，包括局內人與局外人兩個層次，以及局內人的策略端與執行端，局外人的人類學家客觀角度，和顧客的主觀角度。請你想一想：

①鷹眼視野的策略端：你的長遠目標是什麼？希望五年後家鄉發生什麼改變？達成什麼目標？列得越具體越好，能幫助你想得更清楚。

②蚯蚓角色的執行端：五年目標確立後，你要如何達成？必須與哪些人、事、物溝通？需要學習訓練什麼能力？如何籌備營運資金？

③人類學家的客觀思考：你的田野調查計劃是什麼？如何進行生活、生產與生態各層面的現場訪談與資料蒐羅？是否計劃參觀其他地方，拜訪其他組織，以開拓眼界，吸收經驗？

④旅人的主觀感受：你是否觀察前來的顧客有什麼特色？對什麼料理、產品或體驗特別有反應？要如何吸引他們再次到訪？

第二部

風土如何設計

——風土經濟學基礎工程

Lesson 4 旅人的思維（1）——成為客觀的人類學家

要如何在尋常生活裡，扮演充滿熱情且追根究柢的人類學家？

前三堂課，我們談的是風土經濟學的機會與挑戰，教大家運用不同的視角與思考脈絡，檢視家鄉與事業現有的風土資源，透過重組與整合，創造更多資源。

接下來會聚焦在「風土如何設計」，這是風土經濟學的基礎工程，將以七堂課來說明。我將風土設計歸納成三個階段，也就是：旅人的思維、編劇的洞察，以及導演的實踐。透過具體的案例與方法，有步驟地分析與拆解，帶領大家思考，如何將風土資源轉換成經濟商機。

設計是什麼？風土設計跟一般設計有什麼差異？我們沒有設計背景，可以成為風土設計師嗎？第1課曾對設計有寬廣的定義。設計不是只侷限在外型與功能，設計其實是解決問題、創造價值的能力，是需要不同的思維，重新定義問題，提出解決方案，建立執行流程的能力。透過設計，能改變消費大眾的認知，促成意義的創新。從這個角度來看，許多設計師、設計科系畢業生，最大的問題往往是太注重視覺外型，忽略了背後的文化意義，以及人的需求感受。

風土設計，就是為家鄉的風土資源賦予意義，進而創造新意。從這個角度來看，風土設計涵蓋生活、生產與生態的環境，包括產品、空間、餐飲、旅行、組織運作以及商業模式等。

一個風土設計師，需要具備三種能力。首先是「挖掘意義」，深入了解風土人文脈絡；其次是「產生創意」，思考如何創新內容，賦予新意；第三是「帶動生意」，能夠對市場大眾提案，帶動人氣與經濟。

這堂課的主題，「旅人的思維（1）」，要告訴大家如何運用創新角度，解讀、轉換與挖掘意義，找到設計規劃的亮點，發揮體驗經濟的價值，創造出家鄉的風土經濟學。

其中，有一個很關鍵的角度，叫做旅人的思維。

旅人的思維為什麼會跟創新有關呢？我先說個小故事。台灣有個著名的觀光休閒品牌「薰衣草森林」，他們經營一個民宿品牌，叫做「緩慢民宿」，我曾經是緩慢民宿的顧問，負責設計菜單與遊程，協助創造緩慢品牌的體驗經濟。當時我幫在花蓮豐濱的緩慢石梯坪民宿規劃一場三天兩夜的旅程，讓旅客不是整天關在民宿裡，而是能走出去，實地體驗周邊村落的風土人文。

因為名額才二十人，當時薰衣草森林執行長王村煌（現為薰衣草森林董事長）自己還上網付費報名。旅程結束後，返回花蓮火車站的路上，我在遊覽車上詢問旅人的意見，王村煌說以前都是到各處巡店，用經營者角度看自己的品牌，這趟旅行讓他第一次站在旅人的角度，看到平常沒注意到的事物，還能體會到旅人的感受，非常有意思。

旅人的思維，當個好奇有觀察力的旅人

王村煌口中的旅人，有兩個層次。第一層是當一個好奇的旅人，類似扮演一個人類學家，透過觀察與提問，追根究柢，從平凡中看到驚奇，才能找出在地的風土文化脈絡，以及讓旅人好奇、感興趣的亮點。旅人思維的第二層次，是站在旅人、消費者或是使用者

（用戶）的立場，從市場端看待自己的家鄉與事業，能否滿足渴望與期待。

我們這一堂課先談第一層，如何成為一個好奇的旅人，換角度找到風土經濟學的亮點。

根據腦神經科學家的研究，大腦是一團懶惰的肉，不喜歡浪費能量，能偷懶就偷懶，能走捷徑就走捷徑，因此我們就會用最熟悉的方式看東西，很難產生頓悟與靈感，要有創新眼光，關鍵就是觀察從未見過的東西。

大家應該有這種經驗，去到陌生的地方，例如不同城市、不同國家，會對當地的人事物充滿好奇，走過身邊的人，每句話、每個細節，突然有趣鮮明起來了。好奇引發注意力，讓我們開始專注，透過觀察、推敲、跟自己既有經驗比對，想了解眼前現象何以如此不同？

這就是旅人的思維。只有置身在不熟悉的環境，才可能激發旅人的思維，不斷追根究柢、探問考察，不斷詢問「為什麼」，了解大方向；追問「如何」，了解每樣事物的細節。唯有如此，我們才能回到原點，不帶偏見的了解家鄉風土人文的特質。

然而，返鄉青年，或是在地人、在地組織嘗試重新整合資源的過程，最大的挑戰與阻礙，就是無法轉換角度思考，去感受外地人的需求、期待，因此推出的體驗行程、產品或溝通訴求，都是千篇一律、他鄉也有的內容，或是太零散瑣碎，沒有讓人耳目一新的亮點。無法轉換視野與角度，就無法重新看待家鄉的風土資產，甚至把資產當負債，無法找到創新整合的力量，家鄉也就持續停滯。

接下來，分享我自己應用旅人的思維，帶動創新的經驗。

台東池上是台灣最知名的稻米之鄉，也是台灣唯一有產地認證的稻米品牌，觀光人潮很多，也是國際旅客來台灣必到的景點。

二〇一一年，我擔任池上的觀光輔導顧問，當時還沒有這麼多觀光人潮，一般遊客到池上，通常是騎自行車繞著名景點大坡池一圈，大約半小時，再吃個池上便當，之後沿著稻田旁的自行車道欣賞田野風光，行程就結束了。每年秋天，池上會在稻田裡舉辦音樂會或舞蹈演出，最知名的是雲門舞集的舞蹈，美麗的畫面深入人心，總是吸引許多人潮。然而表演一結束，人潮也像風一般散了。

土壤肥沃的池上，兩百多年來匯聚很多族群，包括最早來到池上開墾的，是清代的阿美族與平埔族，接著是日本統治時期的客家人與閩南人，後來才陸續有其他地方的移民。

此外，池上擁有不少外來資源，例如經常舉辦音樂會，邀請知名作家、藝術家駐鄉，但都只是辦活動，沒有從自身風土資源出發，長期下來，在地人開始有不同想法，希望不只是被動接受資源，而要能學會釣魚，學會規劃與行銷，希望能自力更生。

我的顧問工作是輔導池上規劃體驗行程，當時池上有很多組織團體，大家提出的內容，往往理念陳述多，具體內容不清楚，行程之間的串連太生硬，例如騎單車、吃便當、喝咖啡、住民宿，缺少一些難忘動人的元素，需要再深入挖掘，才能強化內容。

池上便當，怎麼沒有池上特色？

我從過往的經驗裡，發現了一個大疑問：池上便當是全台灣最知名的便當，其他各地也販售池上便當，但是在地各家的池上便當，菜色幾乎相同，飯粒的口感稍顯乾硬，使用的食材也不在地，看不出池上的地方特色。

不少池上冠軍米，都是在地阿美族人栽種的，但大多數人只知道池上便當，卻不知道阿美族的文化特色。旅人來池上吃便當，只是應應景，滿足刻板印象，無法真正認識池上的美好物產。我希望透過深度旅行，讓旅人體驗池上的阿美族文化。深度旅行要多深入？

當時我只有想法，也不知道該如何呈現。

有位地方導覽解說員叫秋菊，她告訴我，曾經去便當店接待旅客，發現客人拿著沒吃完的便當走出來，他們抱怨沒有什麼青菜，肉太油膩，只好帶回去餵狗。重視健康的她，覺得這樣太可惜了，決定幫旅客設計營養又在地的池上便當。

除了池上米，她選用池上的南瓜、茄子、龍鬚菜與豆皮，還有養在山上，吃玉米、鳳梨與青菜的放山雞與雞蛋，再請自助餐店以少油少鹽烹調，最後配上一顆開胃的池上酸梅，就能讓旅人嘗到池上的真滋味。雖然這個特製便當的售價比一般便當高出一倍，但是客人嘗到具池上風土特色的便當，都又驚又喜，反而更踴躍訂購。許多人經過池上，都會向秋菊預訂便當，頗受歡迎。

深度旅行要多深入？這個問題我有解答了，從便當就可以體驗池上的深度。當我規劃三天兩夜的行程內容時，第一天午餐就是跟秋菊預定池上便當，而且提高預算，請她準備更有故事、更富池上特色的食材。當客人參觀池上風景之後，來到民宿準備享用午餐時，我刻意不讓大家打開便當盒蓋，而是先請秋菊講解特製便當的起源，說完之後，我說「開動」，飢腸轆轆的旅人們急忙打開便當，「哇！哇！」的驚訝聲此起彼落，有人拍照，有人大口咀嚼，每口都是感動的滿足。

便當雖是小亮點，卻打開旅人來到池上的新視野，從一個便當就能了解池上生活、生產與生態的風土特色。從體驗經濟的角度來看，午餐便當帶給旅人美好的初步印象，晚餐的情境氣氛，則是旅程的高潮，會為旅人帶來深刻難忘的回憶。

千歲人瑞團，最真實的感動

當時為了規劃池上旅行的行程，我傷透腦筋，因為缺少呈現阿美族文化特色的體驗。有一天晚上，我受邀去阿美族村落觀賞長輩練舞，我心想，老人跳舞有什麼好看，但是盛情難卻，不好意思推辭，心想到現場致意一下再走。

在村落活動中心現場，這群共約四十位、平均年齡七十歲、稱為「千歲人瑞團」的長輩們，透過十分鐘的舞蹈，傳達阿美族從台灣最南方的恆春，遷移到東部池上的故事，他們時而高亢、時而沉緩的歌聲，加上充滿激昂活力的舞蹈，十分鐘的時間，眾人大汗淋漓，我被他們的能量深深震撼。

在地的池上人可能覺得舞蹈很普通，但是從旅人的眼光，背後蘊含十分深刻的池上族群文化故事，能真實地打動人心。

看完長輩們的表演，我當下突發靈感，想讓旅人欣賞這群熱情有活力的阿美族長輩的歌舞表演。如果能結合舞蹈與晚餐，我們就能對這個村落有更深的體驗，更多的交流。我詢問阿美族長輩的意見，他們很開心，雖然過去從未接過外地旅客，沒有信心，但在我鼓勵下，很願意嘗試。

長輩說他們經常一起舉辦社區晚宴，不知道適不適合旅人的口味？我決定先試菜，再調整內容。

長輩們為了這場晚宴，上山下海捕魚、捉蝦、摘野菜，那天晚餐就吃了快三十道菜，包括傳統的醃豬肉、竹筒糯米飯、炒野生蝸牛（長輩打趣叫野生牛排），以及將南瓜與地瓜泥拌在一起蒸熟、油炸，讓我大呼過癮。

其中有道阿美族的「石頭火鍋」，最讓我難忘。她們將從溪裡抓回來的魚蝦螃蟹，放進鐵鍋，再丟入烤得燒燙的石頭，瞬間「轟！」的一聲，冒出濃濃蒸汽煙霧，魚蝦螃蟹沒多久就熟了。那轟然的聲響，生猛的氣味，早已炸開我的味蕾與想像了。

菜色過多，未必能產生記憶點。於是我請長輩們縮減到二十道以下，但是一定要保留這道石頭火鍋，這是最讓人難忘的一道菜，代表長輩的心意，更展現阿美族的特色。

這樣嶄新的池上體驗，帶來一趟充滿驚喜的旅程。其中一個旅人曾說：「一連串精彩的小故事群中，在適當時候，切入突發的事件、安插客串的人，形成了許多意外的小插曲。就好像日本電視節目一樣，將腳本分割得很細緻，也安排了許多日常生活裡『常見的意外』。」

這些都是原本就存在的生活內容，只是過去從來沒有被發現，我重新組合調整，就創造出特別的風土經濟。後來阿美族千歲人瑞團的舞蹈與晚宴，也成為當地農會推廣的行程之一，如果沒有這次意外的發現，就不會有這麼精彩的故事。

培養客觀描述現象並詮釋意義的能力

旅人的思維，也是人類學式的觀察能力，除了詳細記錄我們看到的細節，更要去感受，才能解讀出資料深層的感性面。

美國知名設計顧問公司 IDEO 的總經理湯姆．凱利（Tom Kelley），在《決定未來的十種人》（The Ten Faces of Innovation）一書中，說明擁有創新能力的十種特質，第一種、也是最重要的角色，就是人類學家。他認為，人類學家是IDEO最大的創新源頭，扮演人類學家的人，透過實地觀察去發現問題、重新定義問題，才能提出有意義的解決方案。

我們不必真的成為人類學家，才能擁有這種能力。我們可以學習人類學家的觀察能力，將所見所聞鉅細彌遺的記錄下來。要能夠客觀描述外在現象，接著重新詮釋，了解表象背後代表的意義，才能找出關鍵亮點。但這也是最難的。我們大部分的人不善於觀察，更不會仔細描述現象，我們往往只是被動的「看」，而非主動「觀察」。

因此，我們要從日常生活中培養觀察能力，對於眼前看到的大大小小事情，都能注意其中的細節，像拍照一樣，把重要畫面記在腦海中，如此才能反問與詮釋，這些現象到底傳達什麼意思，有何意義。

例如池上的秋菊，發現旅客便當沒有吃完，但是又打包帶走，她詢問原因，才從客人的回應中找出癥結點，進而刺激想法，提出解決方案，並實際執行與測試。而我解讀秋菊故事背後的含義，找到創新的機會，成為池上旅行首站最重要的體驗點。

看似無足輕重的小便當，也能成為創造感動的關鍵重點。風土經濟學提醒大家，不要把表象視為理所當然，而是要透過系統性的方法，深度挖掘，分析解讀，找到關聯性，就能把握創新改變的機會。

身在熟悉的家鄉，對每件事習以為常，也許很難轉換新角度。我建議，大家可以邀請外地朋友來家鄉走走，透過他們的眼光，很多人、事、物需要重新說明解釋，而在闡述的過程中，自然會轉換成外人的角度，有了看待家鄉的不同角度，一定有值得深入挖掘整理的細節，逐漸提升成可以優化的亮點，讓生活、生產與生態各面向，有不一樣的風土經濟新起點。

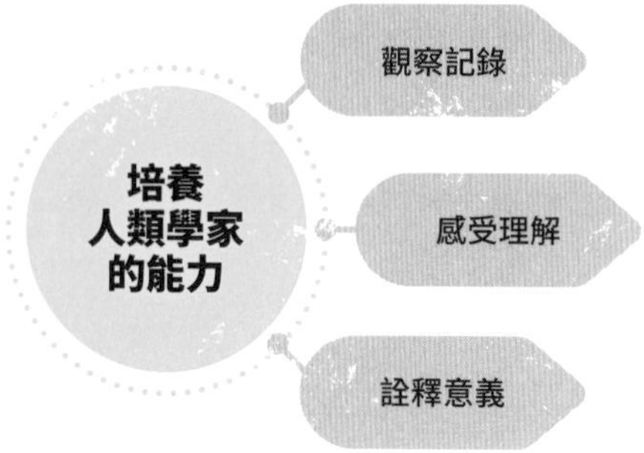

化身人類學家，需要依序具備三個能力。包括觀察記錄客觀事實、日常生活的能力；感受與理解人、事、物背後意義與價值的能力；詮釋內容，賦予深刻意義的能力。請你想一想：

①**觀察記錄：**對於地方生活、生產與生態的狀況，你的調查計劃是什麼？要記錄哪些事物？預備訪談哪些人？如何因應他們的生活與工作，進行更深入的觀察？

②**感受理解：**你要如何從龐雜瑣碎的照片、影片、錄音與筆記等資料中，深入了解內容？有沒有找到能幫你解讀、解惑的專家，或是地方達人？

③**詮釋意義：**你如何從策略端，進一步詮釋生活、生產與生態內容的意義？與其他地方相較，有什麼獨特性與價值，能夠對外地人溝通說明？

Lesson 5

旅人的思維（2）——感受旅人的感受

先當旅人，才能了解旅人？自己被感動，才知道如何感動他人？

上一堂課討論的是讓自己像一個好奇的旅人，運用人類學的思維，在熟悉的環境中，轉換角度找到風土資源的亮點。對於重視消費者、使用者需求的當代商業創新來說，人類學是一門顯學，能幫助我們突破表象，掌握背後的深層內涵。而其中的關鍵，就是脈絡思考。

脈絡是什麼呢？脈絡是時間與空間交織而成的情境，脈絡思考就是觀察現象、掌握細節之後，能夠退一步思考，了解這些事情、行為與想法，是在什麼時空環境下發生的。只要掌握脈絡，就有創新的可能性。

把脈絡思考的方法運用在風土經濟學，就是將我們挖掘蒐集到的生活、生產與生態的資料，整理出來龍去脈，從中找出亮點，才能對外溝通。

如果我們自己都無法掌握家鄉的風土脈絡，就只能模仿抄襲他人的特色，這並不長久，也創造不了自家的風土經濟。例如，在台灣有很多農村的外牆彩繪，是抄襲自日本的動漫圖像，即使很多人前往，往往不會停留太久，甚至拍完照、打完卡就離開，沒有花錢消費，對當地也沒有留下深刻印象。問題就出在缺乏脈絡思考，沒有與地方接軌連結，沒有找出有趣的在地元素，重新表現在藝術彩繪上，而只是擷取片斷圖像，自然無法產生意義共鳴。

抄襲模仿最簡單，但是來得快，去得也快；相反的，找到脈絡，轉換特色，很花時間，但是來得慢，消失得更慢，反而能在旅人的記憶中留存得更久。

我們也許會質疑，最了解地方風土、民情典故的人，就是耆老了，他們對家鄉如數家珍，既然了解得這麼深，為什麼還是無法改變現狀呢？事實上，對地方太了解，有時反而容易陷入日常的瑣碎裡，無法跳脫既有的想法。因為他們沒有從外地人的角度，思考如何呈現家鄉特質。

因此，我們要結合兩種層面的旅人思維，第一層是上一堂課的人類學家角度，第二層是這堂課要說明的，從消費大眾、旅人的立場來思考。

找回失落的文化，轉換成被體驗的內容

我舉一個自己曾經參與的例子說明。台東成功鎮是一個靠海的小鎮，鄰近有個知名景點三仙台，那是一個被珊瑚礁環繞的小島，相傳呂洞賓、李鐵拐與何仙姑曾在島上歇息，因此取名三仙台。

到三仙台，須先經過一座八拱橋，上上下下要走半個多小時，許多觀光客都是在岸上拍照，不會前往島上，三仙台到處是或巨大、或險峻的礁石，在那裡可以眺望碧海藍天，視野非常壯闊。三仙台附近有個小漁村，是原住民阿美族聚落，被稱為「白守蓮」社區，很妙的是，那裡沒有白蓮，白守蓮是漢人的命名，其實來自聚落原名「比西里岸」（Pisilian）的閩南語諧音。

比西里岸是阿美語的發音，意思是放羊的地方。原來三仙台從前是阿美族人放羊的地方，只是後來成為觀光景點，族人再也無法繼續牧羊了。這個小村落逐漸沒落，為了生

計，不少年輕人跑去台北當建築工人，或是去遠洋跑船，部落只剩老人跟小孩守著家園。

為了找回部落自信，二〇一〇年左右，當時的社區理事長陳春妹先推動課後照顧，她發現孩子會切開廢棄浮筒，加上皮革，做成鼓面，用以敲擊自娛，她就鼓勵孩子到協會練習打鼓。阿美族稱浮筒為「Pawpaw」，社區因此成立了「寶抱鼓樂團」，在部落演出。後來公益平台文化基金會的嚴長壽先生發現這個樂團，聘請老師來指導，讓寶抱鼓到台灣各地甚至海外表演。

同時，也有藝術家跟族人合作，用漂流木打造一隻大山羊，放在長堤上，成為部落的象徵。族人也因此開始用漂流木製作各種羊兒，擺放在部落各個角落。

有了基礎，社區仍需要進一步突破。二〇一三年繪本作家幾米的經紀團隊墨色國際受邀到東海岸，協助部落創造生機。團隊考察東海岸各個部落，發現比西里岸的漂流木山羊作品，跟幾米的動物作品可以相互連結，激盪更多火花。幾米團隊也來找我，希望借助我田野調查與說故事的能力，一起找出改變的機會。

當時台灣還不流行彩繪，農村鄉鎮沒有那麼多突兀的動畫圖像。一般來說，最簡單、最快速的做法，就是把幾米的作品彩繪在牆上，輕易就能吸引觀光人潮。但這種做法，會造成大家只是為了幾米作品而來，拍完照就離開，對地方文化與商機毫無幫助。

我採取的方法是，像人類學家一樣先做好調查工作。我發現部落面臨嚴重的人口外移，村子裡只剩老人與就學的孩子，以及零星的年輕人。因為有文化斷層，許多青年都不太了解家鄉的故事。因此，我的工作就是引導在地青年找回失落的文化，再將文化轉換成可以讓旅人體驗的內容。

因為外移人口多，部落有許多閒置房舍，導致環境維護不易，而如果將幾米作品彩繪在巷弄內的房舍外牆，不只能帶進旅客，居民也會維護環境，進而改變原本的傾頹狀態。我們希望，不只是將幾米的作品塗繪在村落外牆，更要透過詮釋的力量，創造新的意義。因此，除了彩繪幾米作品，還設計體驗行程，希望在呈現部落生活、生產與生態特色的同時，更能創造商機。

而彩繪如何被深度體驗呢？團隊以幾米的繪本《走進春天的下午》為主軸，作品描述一位幾乎不曾單獨出門的小女孩，因為跟甫過世的朋友約定，要去拜訪對方的父母，所以獨自帶著小狗出門，並在沿路遇到各種可愛的動物。小女生跟小狗的圖像，就彩繪在村落各角落的十一道牆面上，可以引導旅人走進巷弄，認識村落特色，有些比較巨幅的牆面，就彩繪上比較龐大的動物，例如大象，這樣能為旅客製造驚喜。這些彩繪工作，都是由幾米團隊跟當地居民一起合作完成，也進一步打造了部落的向心力。

同時，我們還發現幾米繪本作品《森林裡的祕密》裡，有一隻毛毛兔，象徵溫暖與守護，能跟山羊相互輝映，於是與部落工藝師傅合作，運用約莫兩萬根漂流木，做成一隻巨大的毛毛兔。這隻巨大的毛毛兔曾到台東美術館展覽，現在則成為部落第二個知名地標。如此一來，比西里岸既有的大山羊，跟幾米的作品就產生連結，形成脈絡，更促成了對話空間。

除了拍照打卡，旅人還希望得到什麼？

接著是旅人思維的第二層，從旅人的感受來找尋體驗的感動。

在比西里岸進行田野調查的過程中，我們發現幾個問題。受到公益平台文化基金會支持的寶抱鼓，雖然有知名度，但沒有商業模式，他們很少在部落表演，偶爾才受邀到外地演出，收入並不穩定，外界對他們與比西里岸都很陌生。從旅人的角度思考，一個外地人來到比西里岸，希望得到什麼？除了欣賞幾米作品、拍照打卡刷存在感之外，還包括導覽解說、三餐飲食、午茶點心甚至住宿等需求，以及是否有可能連結寶抱鼓演出等在地內容，延長體驗時間，更深入認識這個部落？

也唯有如此結合深度旅遊，部落才能增加工作機會與收入，讓外流青年返鄉就業。然而，除了缺乏完整的體驗行程，還有部落青年不擅長說部落故事的痛點。於是我帶著青年們找回失落的故事。我們訪談巷弄的居民，整理出每戶人家的故事與特色，例如誰是專門捕魚的船長，誰很會潛水抓海鮮，哪條巷道是小時候頑皮時被媽媽追逐經過的……。故事整理出來後，就請當地年輕人帶領旅客一邊走訪幾米作品，一邊進行導覽解說，訴說自己家鄉的故事。

另外，團隊們也協助設計餐點。比西里岸靠海，夏天盛產飛魚。除了炸飛魚、炒海菜等各種海鮮，社區住民也開始製作吐司麵包，佐配起司，加上醃肉與野菜，還有各種調酒、啤酒，這些料理都能快速製作，供應旅人用餐。

而除了彩繪木作小羊的活動，還需增加體驗內容，增加豐富性。例如部落的在地物產煙燻飛魚，可不可以變成體驗項目？於是大家試著拆解煙燻飛魚的流程，讓每個步驟都成為體驗過程，例如去魚鱗、剖魚、取內臟、浸泡海水、曬魚乾，最後再交給族人柴燒燻烤。住宿的旅人隔天就能把煙燻飛魚當成伴手禮帶回家。

透過團隊的創新思維，也誘發部落族人的想像力。例如有個廢墟只剩下圍牆，團隊跟村落孩子在牆面彩繪上舞動的羊群，後來在地住民進一步重新整修，變成吸引旅人拍照甚至入住的特色民宿。

透過這些整合，逐漸產生效果。部落族人也開始重視社區環境，希望呈現更好的一面。例如曾有醉漢將一幅幾米壁畫塗掉了，附近開早餐店的大姐覺得很可惜，就在店面旁邊另外畫上一位小女孩與一隻小狗，而這個女孩是皮膚較黑的阿美族，狗也是部落的黑狗，反而更有趣。

生產、生活與生態的故事，其實一直存在著，只是散落在每個人的記憶中，沒有被整合。我們需要先用第一層旅人的思維，從人類學家的角度，仔細觀察，重新整理，存在於時間、空間與人間的風土脈絡。接著，透過第二層旅人的思維，以旅人的需求、感受出發，思考風土資源如何轉換成體驗經濟，從飲食、住宿、導覽解說，以及可見的手作、藝術等等，讓生活、生產與生態能夠被親身感受。

其中的關鍵，就是要能換個角度思考，運用兩層旅人的思維，找出創新的可能性，讓看似普通的生活、生產與生態內容，變成吸引人的風土經濟。

要感受旅人的感受，才能創造地方生機

最後再提醒一個重點，實際運用旅人的思維時，必須在現場體會旅人的感受，關注每個旅程點，他們哪裡會笑，哪裡會失去注意力，何時該休息，旅人的眼神如何，這些細節都得細膩地掌握。

從旅人的感受回推，就要創造感動跟記憶點。因此，體驗行程不要排太滿，解說不能太久，要讓他們能實際參與，才會有感覺，並適時製造意外驚喜，例如提供跟在地有關的小禮物、小點心，創造旅人的感動。

在乎旅人的感受，必須是整個團隊的目標，否則容易陷入為了執行而執行，卻忽略真正的重點。因此，在教育訓練上，要讓團隊成員跳脫自己的本位主義，先當旅人，才能了解旅人。

例如我曾帶著比西里岸部落朋友去甲仙旅行三天，體驗拔河、採芋頭、住在村落民宿、搭農用車上山採龍鬚菜、和甲仙南洋姐妹交流。除了實際體驗，也透過課程引導思

考，討論比西里岸的特色，才能建立團隊共識，找出改變方向。之後，我再帶甲仙的社區工作者與商圈業者，到比西里岸旅行，一邊進行教育訓練，同時驗收部落青年的工作成果，才知道如何改善與調整。當時，雙方都設定目標，為了準備接待、帶來驚喜，在菜單規劃、體驗內容與導覽解說都卯足了勁，達到良性競爭的效果。

自己被感動，才知道如何感動他人。最後，回到家鄉、回到自己的工作崗位上，持續精進團隊的執行能力，就能提升感動的價值。

旅人的思維看似很簡單，卻能發揮巨大的力量，創造家鄉的風土經濟。

課後複習&練習

- 練習成為好奇的旅人
- 揣摩想像旅人的感受
- 對旅人現場觀察溝通
- **培養旅人的創意**

有了觀察與詮釋能力，再來是進一步了解顧客，這也是許多地方工作者最缺乏的能力。顧客有兩種，一種是你想要協助的在地人；另一種即是外地人、消費者。請你想一想，如何轉換自己的視角，了解顧客的痛點：

①**練習成為好奇的旅人：**對於熟悉的在地鄉親，你真的知道他們的故事嗎？他們最關心什麼？試著像記者一樣，請他們分享有趣事物，並將重點記錄下來。

②**揣摩想像旅人的感受：**到其他地方走走，留意旅途中最在意什麼？將焦點拉回到你的餐廳、民宿或家鄉，想像旅人來訪時，會有什麼感受與期待？仔細記錄並思考調整的可能。

③**對旅人現場觀察溝通：**觀察來店裡的顧客，他們被什麼吸引？在什麼地方停留較久？聽你說話時，是充滿好奇還是意興闌珊？蒐集顧客意見，並記錄整理這些觀察內容。

Lesson 6

旅人的思維（3）——建立外來者與在地人的雙贏

旅人與業者，要如何碰撞、交會出甜蜜點？

振興家鄉的關鍵之一，在於吸引人前來旅遊甚至工作，藉由深度體驗，認識地方美好，繼而對外推廣宣傳，讓家鄉人、事、物被看見，才可能帶來改變的機會。最有活力與行動熱情的族群，往往是年輕人，但是如何吸引年輕人走訪農村，卻是大難題。尤其現代年輕人習慣享受城市資源，悠遊在網路世界就能打發時間，有多少意願到一個陌生的農村旅行呢？難度很高，但是仍有方法打動他們，即找到他們願意來農村旅行的理由。

前提即是我們前兩堂課所闡述的，要運用旅人的思維。既像個好奇的旅人，打開自己的五感，去感受不同地方人、事、物的特色；還要像一個人類學家，用客觀的角度思考，找出每個地方的特色，甚至潛在問題，如此才有創新突破的空間。這兩種都是站在「現場」的旅人思維，此外，還有另一種旅人思維，即是站在旅人的「立場」，去感受旅人的需求與想法，才知道如何滿足他們。結合這兩種旅人的思維，就有可能為家鄉、為偏鄉帶來改變的機會。

然而，台灣目前對於偏鄉與部落體驗經濟的創業輔導、協助提升服務品質、找尋市場商機的運作模式等，幾乎都是由外來組織統籌主導，一直有原地踏步、資源重疊的問題。

這些爭取政府標案、運用官方資源的顧問公司與行銷公司，為了滿足政府計劃的KPI（關鍵績效指標），通常就是辦幾團旅遊活動、幾場工作坊與教育訓練，衝高參與人次，沒有培養地方組織建立自主運作機制。計劃結束後，這些地方組織往往無法接棒延續，最終還是必須依靠政府經費。

主要問題在於，外來組織都是用既有模式運作，沒有太多創新能力；另外，即使他們有很多專業想法，卻難以取得地方人士的信任，沒有太多互信基礎，自然無法運用第一層的旅人思維，透過深入的田野調查，找到脈絡與資源，轉換成創新亮點。且由於都用主導的計劃性思維，沒有與地方深入溝通交流，無法掌握痛點與期待，這些外來組織往往只能舉辦行銷宣傳活動，沒有切入核心問題。結果就是不斷浪費政府資源，只有短期目標，無法建立長期方向，更難創造地方商機。

該如何突破這樣的僵局，創造改變的空間？我舉自己做過的例子，更突顯旅人思維的重要性。

滿足市場需求，解決業者痛點的雙贏思考

台灣年輕人很流行去國外打工度假，例如到澳洲做粗活賺錢，順便體驗當地生活。我一直思考，台灣本身資源豐富，為什麼台灣青年寧願去國外打工度假呢？如何吸引青年到鄉村工作，體驗不同的生活，同時協助解決農村人力不足的問題？

二〇一二年我在台東擔任某個計劃的顧問，這個計劃希望讓年輕人透過打工換宿的方式，深度體驗鄉鎮農村生活。傳統的思維，就是認為「免費」最有吸引力，因為擔心年輕人不來，即打著免費招待的宣傳，刺激人氣。免費當然有好處，不需花太多行銷力氣，自然有人報名，執行的顧問公司能結案，地方政府也有交代，何樂而不為？

這有兩個問題。第一，免費未必是好事，可能會吸引不對的人，反而浪費資源，也無法達到效果。第二，對自己的家鄉沒有信心，政府資源就得不斷投入，像個無底洞，產生負向循環。

如果找到滿足市場的需求，以及解決偏鄉業者的痛點，自然就會有故事與號召力，建立市場與地方的雙贏。

我一開始也沒有什麼好點子，當沒有靈感想法時，與其坐在辦公室紙上談兵，不如就用腳思考吧，去現場了解狀況，才能刺激想法。我先去拜訪各個農村，對象主要鎖定在經營民宿、茶園、果園、餐廳與麵包店的業主。

我先走訪一家位在台東鹿野的民宿，民宿老板需要整理房間、庭園的幫手，但是抱怨台灣年輕人吃不了苦，來一兩天就離開了，反而是香港大學生跟馬來西亞上班族待了一個月。我很好奇，因此追問這兩個外地年輕人的動機，以及平日工作內容。她們說想學習經營民宿，同時來台灣體驗生活，民宿老板會利用空檔、夜晚帶她們拜訪鄰居，或四處走走。

我因此了悟，這些香港與馬來西亞年輕人來台東，是想透過打工換宿體驗當地生活，順便學習平日未接觸的專業領域。不若一般旅行只能走馬看花，感受不到地方的真實生活。而如果從業者只是要求年輕人工作，沒有其他生活體驗的誘因，自然無法產生吸引力。

我因此再度拜訪業者，了解他們的工作需求，甚至住宿環境，並建議業者把「打工」的想法，轉變成用「工作」來交換「生活體驗」，下班後帶他們去四周走走，認識不同的人、事、物，年輕人有參與動機，白天才更願意努力工作。

用工作交換生活體驗

業者對於這樣的建議非常興奮，但也擔心自己能否吸引年輕人停留？我提出二〇一一年在台東池上的經驗，鼓勵大家參與這樣的創新活動，業者只要把自己的角色扮演好，市場行銷的風險就由我跟負責執行計劃的顧問公司負責。

計劃的目的，是希望解決部分農村人力不足的問題，讓青年深度體驗農村生活，跟地方業者產生連結。但是我顛覆原本打工度假的思考模式，結合勞動、旅行與在地體驗，推出平價版七天六夜的青年在地旅行。

每個業者大約接待五名年輕人，每名年輕人須付約三千元的食宿費給業者，交換一週的生活體驗。規劃的主題包括：農事、採茶、民宿整理、糕餅製作、飲食料理等，參與者可以選擇有興趣的主題報名，但是必須繳交履歷與動機。我們除了可藉此篩選合適的人，也能增加競爭感，刺激年輕人的參與動機。

宣傳時，我們詳細說明各個工作假期的主題與限制，讓年輕人有具體想像，沒有浪漫期待。例如採水果就是整天揮汗工作，適合不想用腦、只要操體力的人。採茶是每天五點起床，下午午休，並直接入住茶園，這是最特別的體驗。糕餅製作會跟著老板去部落送麵包、採集食材。部落的工作環境很原始，沒有電力，要自己燒水、戴頭燈才不會摸黑洗澡。

面對這個大膽的計劃，我也是戰戰兢兢，因為不確定是否有人願意付費參加。沒想到引起很大迴響，三十個名額，竟然超過一百多人報名，且幾乎都是上班族，甚至有不少朋友私下請託想參與，我們還因此緊急增加十個名額。

因為須支付食宿費，報名參加的年輕人都是有需求、被主題吸引而來。有人是工作壓力太大，想轉換生活節奏；有人想探索自己未來的可能性；有人好奇地方文化，都是想離開原有的生活圈，創造一些改變。

我的工作是一方面了解地方業者的人力需求，根據他們工作內容，轉換成吸引青年參與的項目；另一面也提醒業者，青年來此是為了體驗，不是為了工作，要適時帶他們去各地走走，做好溝通，滿足期待。我也親自到各個工作點，與年輕人直接溝通交流，讓他們了解鄉村生活的價值，以及協助業者解決人力不足問題的意義。

一位在部落協助修繕屋舍的年輕朋友告訴我，他的同伴在最後一天徹夜不睡，貪戀地看著滿天星星，他想牢牢記住這幾天的感受，因為回到城市上班之後，就看不到這麼燦爛的星空了。

這個計劃結束後，這些年輕人彼此結為知交，也跟業者變成好朋友，還會幫忙架設網站、對外行銷，或是透過手繪圖像表現業者的特色，或是呼朋引伴再回來玩，像是回娘家一樣。了解旅人與業者的需求，找到兩端的交集，讓年輕人透過短期工作，體驗生活、生產與生態，跟農村建立深厚的關係。相對的，農村業者則解決人力問題，並透過跟年輕人的溝通，了解旅人的需求，調整服務內容，改善品質，帶來正面的效果。

這是一個雙贏結果，也是為家鄉創造風土經濟的機會。

課後複習&練習

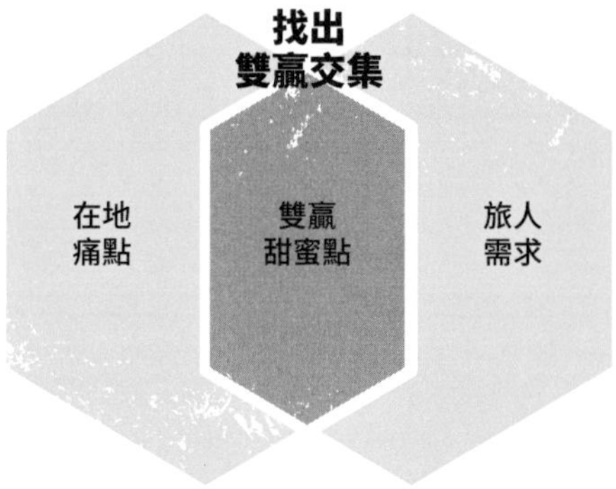

有心幫助地方解決問題的外來單位，或是對地方不熟的返鄉青年，需要先釐清目標顧客是誰，他們最在意什麼，才能達到雙贏的結果。請你想一想：

①**在地痛點：**在地人最關心什麼？憂心煩惱什麼？說不出口、無法表達清楚的痛點是什麼？你要如何挖掘與了解？請列出最重要的幾個痛點。

②**旅人需求：**你要如何有效吸引消費者前來？他們為什麼想來？希望獲得什麼？仔細思索，並且列出旅人的期待與需求。

③**雙贏甜蜜點：**地方的痛點或劣勢，換個角度，也可能成為特點，甚至引發關注的優勢？如何連接旅人需求與在地痛點，找出交集甜蜜點？請你列出至少三個具可行性的例子。

Lesson 7

編劇的洞察（1）——洞察亮點

要怎麼找出地方的亮點？如何培養敏銳的洞察能力？

風土設計前三堂課，強調「旅人的思維」，讓自己在現場永遠充滿好奇，同時要站在旅人的立場，感受旅人的需求，創造在地的風土商機。接下來這兩堂課，進入「編劇的洞察」主題。這是一個關鍵點，要從以旅人思維萃取到的田野調查資料，洞察出獨特亮點，才能轉換成有趣的規劃內容，帶來驚奇與感動。

編劇的洞察有兩個層次，先透過洞察找到創意，接著規劃出讓旅人體驗感受的故事劇本。就像唯有先完成精彩的舞台劇劇本，才能讓團隊在風土舞台上充分發揮，更而創造體驗經濟。

這堂課，先談如何透過敏銳的洞察力產生創意。

好創意要建立人與人、人與物、人與環境的新關係

要培養洞察力，有三個切入點：先了解人與人的關係，人與物的關係，以及人與環境的關係，接著打散重組，讓原本的關係，產生新的意義，讓旅人有不同感受。

舉一個我實際參與的經驗為例。我曾幫位於花蓮豐濱的緩慢石梯坪民宿設計採用在地食材、有故事的菜單，讓廚師有料理方向，管家能對房客解說。

民宿背山面海，身後是雲霧繚繞的海岸山脈，前方是無邊無際的太平洋，那裡同時也是阿美族的聚落。我從未去過、更不熟悉那裡，該如何完成工作呢？

我先是透過朋友介紹，認識一位名叫耀忠的阿美族廚師，我去他的餐廳吃飯，觀察他的料理、擺盤，聽他解說每道菜的特色，還跟他去採集食材，實地了解現場狀況。耀忠白天去山裡採集野菜，到海邊潛水抓龍蝦，晚上在岩石邊抓螃蟹，那裡對他來說就是一個山海廚房。料理完食材後，他會用石頭、木頭與白色瓷器盛盤，呈現細緻又粗獷的特色。

我印象最深刻的是，冬天跟著耀忠在寒風中採海菜。我們在岩石間跳躍前進，他利用

海浪暫時退去之際，採集生長在岩石邊緣縫隙的海菜。他的眼神不時盯著海浪，等待約二十秒後，大浪即將襲來，再趕緊轉身往後跑。他說這是阿美族的冬季奧運，要在岩石間來回回衝刺跑步。這個活動很驚險刺激，我親眼所見、身歷其境，深受感動，這就是他們的生活、生產與生態。

後來我設計了一套「山海慢食」菜單，以海菜、魚蝦海鮮、山林野菜呈現石梯坪的特色，也寫了故事腳本，讓管家可以藉以訴說石梯坪生活、生產與生態的故事。為了讓管家們不是硬背故事，我還帶他們去認識耀忠，跟著他採集食材，同時拜訪其他阿美族朋友。

民宿正式開幕，我的任務結束，內心卻有個遺憾：旅人入住緩慢民宿，吃了山海慢食，了解此地的故事，但依然沒有深入體驗這個地方的美好。怎麼說呢？石梯坪雖然景色優美，但一般人往往只是途經，頂多短暫停留，看看山，望望海，沒多久就離開了，實在很可惜。難道不能待上三天兩夜，多花點時間好好認識這個地方，感受這個地方在生活、生產與生態上的風土魅力。

打開民宿大門，與社區建立關係

我的遺憾放在心裡好一陣子，決定主動向緩慢民宿提案，希望透過規劃三天兩夜的行程，讓石梯坪與緩慢民宿得到雙贏，石梯坪的風土人文可以被重新認識與重視，緩慢民宿能延長住宿時間，提高收益，也能打出自己的特色品牌。

緩慢民宿的主管說，民宿內容恐怕很難吸引旅人連住兩晚。我則認為要把民宿的大門打開，與周圍的店家與村落合作，規劃體驗行程，就能吸引遊客，創造雙贏價值。

這是第一個洞察點。讓民宿跟地方合作，也就是建立人與人、人與物、人與環境的新關係，才可能活化既有的內容，創造吸引人的新價值。

問題來了。除了民宿、漁港、山海風光，以及阿美族部落，當地還有什麼吸引人的元素？我想到耀忠的餐廳。入住民宿第一天晚餐吃的是「山海慢食」，第二晚應該去耀忠的餐廳，但只吃晚餐，無法真正了解耀忠食材的特色，他的廚房在山裡、在海邊，這是讓人感動與珍惜的最大賣點。

第二個洞察點，就是與耀忠合作。下午由他帶民宿客人去採集食材，讓客人親身體驗，他則現場解說，之後再去他的餐廳用餐，如此即能進一步了解他的故事與阿美族文化。耀忠過去幾乎不曾對旅人解說導覽過，這個提議，讓熱情活潑的他很興奮，馬上就同意了。將耀忠原本的人與物（食材）、人與環境（山海）關係，重新規劃設計，成為一個展現風土特色的舞台，對旅人來說，會是很有意義的體驗。

我同時發現，民宿旁邊是一大片稻田，當地人稱為「海稻田」。我好奇海稻田名稱的由來，吃起來的口感滋味，甚至它是如何銷售的。於是我拜訪一位阿美族的工藝家舒米，她也是帶領族人耕作的重要推動者。她告訴我，這些近海的稻田，過去因為族人將土地賣給漢人蓋民宿，或是去城市工作，以至於田地荒廢，舒米返鄉之後，帶領族人重新找到海岸山脈的水源，攔手開闢稻田，逐漸恢復昔日的生機。

有一天，我帶女兒去探勘，剛好看到農人在田裡工作，他們不使用農藥，而是徒手拔除福壽螺，順應自然的農作方式，令人印象深刻。舒米牽著我女兒的手走下田，她們踩在鬆軟的泥土上很開心，還學習如何插秧。舒米說，因為海稻米知名度不高，不好賣，「我們很會種米，但不會賣米，也不懂行銷。」我當下想到，緩慢的山海慢食，可以用海稻米，民宿還可以協助販賣。房客可以嘗試海稻米的農事體驗，採購海稻米當伴手禮，日後可能持續訂購，甚至協助宣傳推廣。

這是第三個洞察點。旅程的第二天早上，可以去鄰近的海稻田體驗農事，感受人與人、人與物（稻米）、人與環境（海稻田）的關係。

第一天晚餐之後呢？可以有什麼難忘的體驗？我一時也沒有頭緒。

在地朋友介紹，阿美族部落有個很有想法的女性，叫做 La Five，可以拜訪聊聊。對我來說，多認識一個人，多了解一種想法，就多一份可能性。身材高大的 La Five，臉上掛著微笑，說話話輕柔但堅定。La Five 說母親跟幾位部落媽媽一直在練習巫師舞蹈，原來部落過去有女性長者擔任巫師，進行預言、治療與驅邪等的習俗，但是自從部落信仰天主教之後，巫師文化就逐漸沒落了。

La Five 的祖母、外祖母都曾是部落巫師，加上她的父親生前一直希望找回祖母的歌聲，保留下歌舞文化，於是他們開始練習巫師之舞，也想透過表演，讓更多人認識巫師文化，只是演出機會很少。我想，這會是另一個難忘的旅程體驗，到部落欣賞巫師之舞，也能幫長輩加油打氣，更能了解部落歷史內涵。

這是第四個洞察點。我跟 La Five 合作，討論巫師之舞表演流程如何規劃，解說如何進行，讓旅人能深刻體驗部落文化。

第三天的行程，首先遇到一個小問題，早餐要吃什麼？我設計的民宿早餐「朝食九格」是隨季節調整的常態內容，第三天的早餐很難變化菜色。我為此詢問民宿管家，他們平常去哪裡吃早餐？好幾位都提及石梯漁港的一間小店——秀姑早餐，那也是漁夫清晨進港、拍賣後的第一頓餐點，除了提供滷肉飯與乾麵，最大特色是當令的生魚片與鮮魚湯。

我隔天馬上去吃吃看。一大早吃了旗魚生魚片、喝了旗魚湯，非常過癮。接著一個漁夫拍拍我的肩膀，說不要忘了喝神仙水。「神仙水？」我充滿疑惑。他隨即倒了一杯保利達B加上維大力，豪邁地說，這是漁夫禦寒的飲料，來這裡吃飯，就要像阿美族漁夫。

我喝了一大杯，又吃起生魚片，頓時想到，這就是我們的早餐，除了滷肉飯、生魚片與鮮魚湯之外，一定還要喝一杯神仙水，入境隨俗，感受阿美族漁夫的生活。在如此風土舞台中吃早餐，會讓旅人格外難忘。

吃完早餐，還可以順道觀看漁船進港後的漁獲拍賣過程。當漁工將一大箱漁獲倒入長長的容器中，各種海產如潮水奔流而出，圍觀的眾人伸手去搶，鬼頭刀、皮刀魚、鰆魚、旗魚，也是難得的體驗。旅人也可以採買新鮮漁貨，宅配回家，或是交給民宿主廚料理。

第三天除了吃鮮魚料理、喝神仙水早餐，看港口漁獲拍賣，還能有什麼特別體驗呢？有一天，我偶然看到一片遺世獨立的海稻田，決定下車沿著斜坡邊走邊拍照，穿過一片雜木林之後，眼前突然出現壯闊的大海。我走向海灘，看海浪湧上岸邊，退去時磨擦著東部慣有的鵝卵石，冒出如啤酒泡沫的白沫，發出「嘩啦啦啦」的巨響。聽著聽著，想起這不就是古名「洄瀾」的花蓮之聲嗎？洄瀾就是從山裡直奔大海的花蓮溪，溪水與海水相互撞擊引發漩渦，產生的「嘩啦啦啦」聲響。

我內心叫喊著，這就是花蓮的聲音，如果沒有貼近海洋，就聽不到這麼震撼的聲音。我記下了這個祕密地點，獨特海浪聲一定會震撼旅人。第三天行程就是在漁港吃完早餐，看完漁獲拍賣之後，來到祕密基地聆聽海浪聲，真是旅程最好的結尾。

這是第五個洞察點，改變人與環境的關係，看似平常的海浪聲，帶來別有意義的感受。

發現亮點，串連亮點

我把這些洞察點串連起來，重新規劃調整，確認流程與品質，就產生了三天兩夜的旅程，我取名為「緩慢石梯坪小旅行」。小旅行推出之後，隨即受到歡迎，連緩慢民宿執行長、也就是薰衣草森林執行長王村煌，也上網付費報名。石梯坪因此逐漸被人重新認識，也帶動緩慢石梯坪的品牌，這個行程陸續推出了很多團。之後，也開始有企業的員工旅遊、教育訓練，以及超級業務員的獎勵旅遊等，請我規劃與帶路。

有一次，我帶隊中部知名糕餅品牌的主管教育訓練旅行團，他們正在規劃地方博物館，想學習如何設計一個讓人感動難忘的體驗旅程。董事長說，朋友問他去花蓮幾天，他說要在豐濱石梯坪待三天，朋友都覺得訝異，一個沒什麼知名度的小地方，怎麼可能待上三天？而我們真的在這個小地方玩了三天（當然還包括講課與討論），透過親身體驗，仔細思考風土設計的方法，以及如何創造體驗的深度與感動。

我後來受邀在 TEDxTaipei 演講，就講了耀忠、海稻田、巫師之舞的故事，演講結束前，我對現場聽眾說，「經過就會錯過，相識才有故事，故事就在現場，我就把花蓮的故事，帶到台北現場。」接著，這些部落媽媽的巫師之舞，就出現在舞台上，引起大家的驚喜與震撼。表演結束後，La Five 的母親與我相擁，她說，「讓巫師之舞被很多人看到，是我先生的心願，沒想到真的實現了。」我跟婆婆說，「我才要謝謝你，你們的努力才讓我堅持下去。」

創意，創造新意義

洞察其實是一種撥雲見日、恍然大悟的感受。洞察出新觀點，將既有事物拆解重組，就能創造新的意義。創意，就是賦予新意義，創造新意義。

在這堂課討論的案例中，有好幾個創造新意義的洞察點。包括：民宿不是封閉的，打開大門與周圍社區村落合作；耀忠的舞台不只在餐廳與廚房，還加上他導覽解說的山海行程；海稻田不只是稻田，農事變成體驗活動，還能支持地方農業；巫師之舞不只是表演，也是一種讓旅人認識阿美族文化的方式；最後，旅人在漁港享用早餐、看漁獲拍賣，再到祕密基地聽海浪聲，創造難忘的感動。將幾個洞察點串連起來，就讓平常只停留半小時的石梯坪景點，變成三天兩夜的深度體驗行程，能進一步認識這裡的生活、生產與生態。

從平凡的日常，創造出非凡的感受，關鍵就是洞察能力。體察在地人的期待與需求，深入感受消費者的內心渴望，透過感性的探索，洞察出兩者的交會點，創造更深刻的互動交流。下一步，就是縝密理性的構思佈局，為旅人帶來戲劇化的情緒與感動，這就需要運用下一堂所要談的，編劇的串連與設計能力了。

課後複習&練習

如何培養洞察力？除了要發現一個個亮點，還要尋求連結，用共通的主題軸線，將這些亮點串連起來，發揮整合效益，最後賦予全新的意義。請你想一想：

①**挖掘亮點：**你的家鄉有哪些值得注意的亮點？請從生活、生產與生態三個面向去找尋，並說明獨特性，以及跟家鄉的連結。

②**串連亮點：**這些亮點彼此間有沒有呼應？如果以時間為軸線，如何以這些亮點為素材，安排出有趣的一日行程，或者更聚焦的三小時活動？

③**賦予亮點新意義：**透過這樣的體驗行程，你想傳達什麼主題特色？這個主題跟其他店家或地方有什麼差異？旅人可以獲得什麼不一樣的故事與感受呢？

Lesson 8

編劇的洞察（2）——串連亮點

如何讓旅人放大感官，看到、聞到、聽到、嗅到與觸摸到在地氛圍情境？

上一堂課主題「編劇的洞察（1）」，討論發掘家鄉風土優勢之後，要運用編劇的洞察能力，先找出不同亮點，設計出讓人難忘的體驗內容。這一堂的主題，要帶大家思考，如何將洞察到的新特色，像一名編劇一樣，整合串連這些亮點，編寫出讓旅人體驗感受的故事劇本，可以讓你的團隊、鄉親扮演不同角色，並根據劇本來演練彩排，才能在這個風土舞台上，做出最自然生動的演出呢？

我們在第1課「老風土，新商機」提到經濟發展模式金字塔，底層的商品經濟是銷售有形商品，中層服務經濟銷售無形服務，頂端的體驗經濟則是創造難忘的感動。我認為，風土經濟學就是一種極致的體驗經濟。怎麼說呢？從旅人角度來看，他們遠道而來，抵達我們的家鄉，所期待的絕非走馬看花，而是希望得到難忘的經驗，讓美好記憶持續存在。以地方規劃者來說，旅人的旅程，也是一種思考與設計的流程。我們必須反向思考，必須站在旅人的角度，才能設計出一個難忘感動的旅程，創造體驗經濟的商機。

編寫施工圖般的劇本，才能具體落實理念

我發現，不少觀光餐飲業者、地方工作者與政府單位，儘管擁有豐富的國內外考察經驗，常常講很多想法，但是只有大方向，而沒有具體細節。過度抽象的語言，不接地氣，落實到家鄉、事業的情境脈絡中，反而會讓執行團隊無所適從，最後還是會以慣性與經驗直覺做事，很難產生實質改變。往往對外宣傳的口號很漂亮，旅人在現場參與體驗時，卻發現漏洞百出。

他們的問題在哪裡？主要是沒有引發感動的細節，沒有營造難忘的氛圍，更沒有實際執行的標準，來呈現這些情節的意義與價值。換句話說，就是只有概略的想法與理念，卻沒有像施工圖一樣精準明確的劇本，讓演員、燈光、音效、美術設計各個團隊成員，有可

依循的內容。

先以流程圖來思考。從旅人來到家鄉的第一站開始，你希望他們看見什麼、體驗什麼、感受什麼，接著第二站、第三站，陸續走訪哪些景點、在哪裡用餐、入住何處，以及由誰接待、分享什麼故事、如何呈現故事內容。一直到旅程結束，整體流程圖都要仔細想像、思索、規劃與模擬。

將抽象的訴求、口號，落實到具體層次，讓旅人的感官放大，看到、聞到、聽到、嗅到與觸摸到，才是體驗經濟的核心。

這個思考、設計與執行的流程，就像編劇撰寫劇本的過程，先有好故事與好劇本，才能拍出好電影、好的舞台劇，讓觀眾親身感受，留下難忘的故事回憶。

走進美濃人的家裡，看見美濃人的餐桌

我說說在高雄客家鄉——美濃，設計一個感動旅行的故事。

美濃雖然是知名的客家鄉，但是一般旅客到美濃，幾乎都是去粄條街吃粄條。美濃人稱粄條為「面帕粄」，這是因為將在來米磨成漿、蒸熟之後，攤開的模樣就像毛巾（面

帕），之後切成細長條狀，所以又稱粄條。旅客吃完粄條之後，再到處走走，常常不到三小時就離開。

來到美濃，我最大的疑問是，除了觀光客吃的客家料理，美濃人自己吃什麼？這是一個好奇點，也是可能的洞察點，得到美濃人家裡吃飯，才有答案。

為了規劃兩天一夜的美濃旅程，讓旅人能深度認識這裡的生活、生產與生態風土特色，我拜訪幾位地方朋友，找出可能方向。我們拜訪幾個地方組織，了解在地農作與物產，也跟旗美社區大學主任張正揚碰面。跟張正揚交流請教過程中，他提到父親早逝，母親一個人負擔家計，即使年紀大了，仍然從事農業，種植各種雜糧作物，我很好奇，決定去找張媽媽聊聊。

我們去張家拜訪時，剛好孫子放學回來直喊肚子餓，張媽媽端出紅豆年糕，順便招待我們，我問哪裡買的？她瞪大眼睛，「哪還要買？除了甘蔗不是我種的，其他都是我種的。」原來張媽媽種米，種紅豆、黑豆、黃豆、香蕉、地瓜，還醃漬菜乾、酸菜。她一個人就能生產這麼多種作物與加工製品，真是讓人嘆為觀止。我體悟到，張媽媽就是典型的小農與客家媽媽，凡事親力親為，樸實勤儉。

同時，我們來到離美濃鎮上較遠的笠山，拜訪已逝知名作家鍾理和的孫女鍾舜文，她本身也是一位藝術家。快到鍾家時，剛好遇到正在務農的鍾媽媽，她跟張媽媽一樣，具有親力親為的小農精神。

鍾舜文的父親鍾鐵民，不僅是小說家，也是美濃重要精神領袖，在我們造訪前剛過世。兩個女兒都嫁到外地，只剩舜文在家陪伴母親。鐵民老師生前好客，喜歡招待學生、朋友到家裡吃飯，讓鍾媽媽練就了一身好廚藝，她聊到鐵民老師喜歡的菜色時，一臉眉飛色舞，我直嚷著也要來吃飯，她一口答應，要我們下次來吃飯。舜文悄悄對我說，父親過世後，母親很不適應，她常得陪母親一起睡覺。舜文的話觸動我，想到如何讓鍾媽媽開心起來。我問鍾媽媽，如果舉辦美濃在地旅行，可否來品嘗她的手藝，增添熱鬧氣氛？她很爽快的答應。

另外，我對於美濃物產——野蓮很感興趣，清炒野蓮即是美濃知名的客家菜，只要拌炒蒜頭，就能展現獨特滋味與清脆口感，張正揚也安排我們參觀野蓮的清洗整理過程。野蓮不是蓮花，原是一種長在池塘、水圳的野生植物，成熟時會在水面上開出一朵朵小白花，食用時，主要是吃水面下細長的葉柄（假莖）。野蓮的葉柄原本較粗硬，口感不佳，需要將纖維搓揉變軟後才能食用。

客家人最大特色就是非常勤儉，野蓮原本是美濃人在颱風過後、物產匱乏時的補充食材、救荒野草。後來不少人發現，如果能早點採收野蓮，口感反而清脆，於是農人將農田改成野蓮田，野生植物變成農作物，擴大生產，漸漸成為美濃特有的經濟作物，野蓮田也成為美濃的獨特景觀。

我探訪野蓮田時，只見池裡有兩個男子打赤膊、穿泳褲，彎腰側身用單手採摘野蓮葉柄，經常只剩一顆頭還在水面上，動作常像是雙人舞蹈一般。還有一個穿著綠色防水青蛙裝、頭戴斗笠的大姐，在池中整理剛拔下的野蓮。野蓮主人阿香姐說，野蓮仰賴好水質，也因此不太需要用藥，池裡靠著養吳郭魚吃掉水草和浮萍。她打趣說，夏天熱的話，穿泳衣來，她可以放水讓我們去抓魚。

水池旁邊，有個搭上遮陽棚的水槽，幾個女子穿著青蛙裝，坐在槽中的板凳上，安靜的梳理一把把的野蓮。整理工作需要細心與耐心，現在幾乎都是外籍配偶負責，一小時能挑出二十斤。我也穿上青蛙裝，坐在槽中幫忙整理野蓮，先摘掉花瓣，拔除葉子與一些較粗的葉柄，再用水清洗。一邊清洗野蓮，一邊感受水的浮力跟清涼，是非常特別的體驗。

設計「瀰濃・家・旅行」主題旅行

然而，要吸引旅人，需要有個主題軸線來串連各種人、事、物，才能創造體驗在地具獨特性的情境。

美濃被視為客家人從中原遷徙到台灣後的重要原鄉，要真正認識美濃，需要進入他們家中作客，於是我就將旅行主題定為「瀰濃・家・旅行」，瀰濃是美濃古名，這是一趟到美濃人家裡作客的旅行。

有了主題概念，才能將各個散亂的行程串連起來。我鎖定兩大主角，鍾媽媽的晚餐，以及張媽媽的甜點紅豆年糕，想透過飲食，讓旅人體驗美濃的風土滋味。

鍾媽媽的餐桌很特別，因為鍾理和曾經在中國瀋陽、北京生活過，所以鍾家餐桌上有水餃與麵疙瘩，又例如豬油渣是婆婆台妹的最愛，過去婆婆有時沒胃口，鍾媽媽會將以白肉炸出豬油後剩下的油渣，再炸一次，等呈現微焦金黃色時，撈起瀝乾，加醬油、加醋，淋在飯上，婆婆看到時眼睛都亮了，可以吃好幾碗飯。

婆婆也喜歡鳳梨醬的滋味。鳳梨醬是南部客家人特有的醃漬品，鳳梨切片，加入鹽、糖等一起醃漬發酵而成。鍾媽媽會把醃過的鳳梨剪碎，剁成泥狀，再淋在她自己種的地瓜葉上，拌勻後，味道就像微酸的天然沙拉醬，非常特別。

每道菜看似平凡，卻訴說了美濃歷史與鍾家故事。加上舜文會先導覽鍾理和紀念館，讓旅人深入了解鍾理和的生平，以及大時代的悲歡離合，進而對鍾家晚餐充滿期待。

張媽媽是另種客家小農的縮影。我們第二天下午前往張家，先請正揚介紹附近的土地公廟，那是清朝乾隆年間就設立的廟宇，同時見證了美濃人的歷史。接著我們走回張家，一邊聽張媽媽說故事，一邊品嘗她親手做的點心，包括紅豆糕、加上冬瓜茶的紅豆湯與糯米糕，有時還有冷凍菠蘿蜜。

第二天上午，則安排了清洗野蓮的體驗行程，讓旅人穿上青蛙裝，坐在池裡清洗野蓮。這是過去沒有的體驗內容，卻能藉以認識美濃獨特物產。最後每人的伴手禮，就是自己清理完成的野蓮，帶回家親手料理、品嘗時，將會有更深刻的回憶。

逛市場買物產，在廟埕辦午宴

有了這三個基本亮點，還要搭配其他行程。我實地走訪，發現美濃菜市場很具特色，有琳瑯滿目的物產。有天早上我逛市場時，看到好幾個攤子販賣各種醃漬品，醃高麗菜、酸菜、醃嫩薑、醬鳳梨、醬蘿蔔、紅蔥酥，各種瓶瓶罐罐色澤豐富的排排站，這些美濃的日常，是我這個外地人沒看過、好奇不已的風景。

逛著逛著，又看到一個婆婆騎機車停在菜攤旁，車上載了多把剛採收、用稻桿捆綁的青菜，葉面扁扁細細，婆婆說那是鴨舌草，是從稻田裡長出的野菜。鴨舌草是初夏時生長在田邊的野草，外形有點像鴨舌，雨水過後長得特別茂盛。美濃人稱鴨舌草為福菜（菔菜），這跟北部客家人稱醃漬的酸菜為福菜不同，美濃的福菜也稱學菜，用黃豆醬與薑絲快炒，吃起來很有嚼勁，很下飯。

福菜讓美濃人愛恨交織。它會隨著秧苗一起成長，若放任不管，喧賓奪主，就會爭食土壤養分，影響稻子成長。但是初夏之後，進入雨季，耕地都種上水稻，加上傾盆大雨常打爛栽種物，造成蔬菜短缺，福菜就成為此時的補給品，端上美濃人的餐桌。

各種蔬菜水果醃漬物，以及被普遍食用的鴨舌草，很能呈現美濃的風土特色。因此，我安排旅人到美濃的第一站，就是先到市場體驗庶民生活文化。一路上會遇到賣豆腐的大姐、騎機車送來野菜的婆婆等，彼此閒話家常。

逛完市場，再接到永安老街，一路上拜訪店家，跟他們聊天、聽故事、採購各種產品。例如長城鞋店的老板常會熱情的端出甜點招待旅人，那裡是許多人上門買拖鞋、雨鞋（美濃經常下雨）的店家；隔壁藍衫店的老板暢述美濃往事，以及藍衫的製作方式，有時還拿出父親當年做裁縫時的剪刀，追憶種種逸事，受到感動的旅人，總會採買店裡的包包、帽子、飾品等物品。從市場到老街，走走停停，吃吃買買，約莫花上一個半小時。

這條路線走完後，就到了午餐時間，我不希望旅人的第一餐是粄條小吃，因為這是一般觀光客就能做到的事情，我們的行程要呈現差異與不同價值，才能滿足旅人的期待。

中午吃什麼？我煩惱著。當地朋友跟我走一趟老街，一路商量午餐的內容，走著走著剛好走到關帝廟，他們說，關帝廟廣場以前是辦桌的地方。辦桌？這兩個字激發我的靈感，就在這裡吃辦桌如何？在廟埕吃傳統美濃客家菜，在地又獨特的情境，應該會讓旅人留下難忘的記憶。

這是另一個洞察點。我們就站在廟埕討論辦桌的可能性，辦桌不難，卻需要一位能料理傳統客家菜色、又有故事特色的靈魂人物。在地朋友想到，有位雪梅姐，她平常種有機地瓜、紅豆，也在國小負責營養午餐，應可以擔任辦桌的總鋪師。

但是午餐要有特色情節，才能跟鍾媽媽的晚餐有所區隔。因此，我請在地的合作團隊專程找雪梅討論菜單，菜色要與鍾媽媽的餐桌不同，每一道都要有典故來源。在這個前提與標準下，雪梅跟她的母親討論後，規劃出現在已不常見的美濃傳統老菜單，我也依此跟鍾媽媽的菜單對照調整。

透過鍾媽媽、張媽媽與雪梅姐三位媽媽主角的午餐、晚餐與下午茶，再加上市場、老街與野蓮體驗等配角，帶有美濃傳統生活氣息的故事情境因此成型了。這一連串的行程，分別從不同角度、不同情境與不同場景來認識美濃，不只能帶給旅人驚喜，還能進一步認識美濃的客家文化，感受深厚的在地人情味。彼此正向鼓勵，也促使店家更積極參與，對每團旅人的到來充滿期待。

情境、情節與情感，營造戲劇化感受

第3課「活化風土資源，複眼新視角」曾提到研究美濃旅行文化的李洛鈴，她在碩士論文中寫到，參與美濃旅行後，發現原來日常生活也可以成為被體驗的文化：「透過交流，我們反而看到不一樣的『客家』，原來『客家』也可以很平易近人……，不像一般旅行團想要快速『攫取』客家的印象，而是在文化原產地『體驗』客家。」

回到這一堂課的主題，編劇的洞察。體驗經濟的核心，在於擁有戲劇化的感受，是一種打動人心的情感體驗。因此，在設定創意主題後，要有情境，並運用情節來吸引人，最後才能帶動情感。而這其間的核心要素，是人，也就是每個情境的主角。一個好編劇，就要去串連不同的人、不同的故事，彼此有銜接、有差異，才會讓旅人感覺新鮮有趣。

以「瀰濃．家．旅行」為例，我的洞察點是走進在地美濃人的家裡旅行，但要怎麼進行？最簡單、最深刻的方式就是體驗有在地食材與在地故事的餐桌料理。三位美濃媽媽有各自的生活情境，菜色典故情節亦有所區隔，她們都能訴說自己的故事，如此就能激發不同的情感記憶。例如鍾媽媽的晚餐，旅人先到鍾理和紀念館認識家族故事，再到隔壁鍾家用餐，這兩個場域就是舞台，能藉以激發旅人的情感，塑造難忘的記憶。

每個流程中的主角，需要各自表現，我的工作就是找到每個主角的特色，鼓舞主角們勇於表達，接著設計行程劇本，規劃工作流程。從體驗經濟來說，工作流程就是表演流程，也是故事旅程。對規劃者而言，這是從觀察到洞察，再到實踐的創造工程，每一步都是踏實的學習過程，唯有如此，我們才能真正做出改變。

課後複習&練習

串連亮點、設定主題，都是提出大方向，讓體驗內容更聚焦、更有脈絡。接著就是規劃細節，就像表演舞台劇，從安排情境、設計情節到帶動情感三個執行階段，為旅人帶來戲劇性感受。請你想一想：

①**安排情境：**你的情境設定是什麼？現場具備什麼空間特色、背景道具，足以營造整體氛圍？例如有什麼讓旅人身歷其境的自然山水或人文景觀呢？

②**設計情節：**在不同情境特色下，你安排哪些具體的細節，讓旅人可以透過視覺、聽覺、味覺、嗅覺、觸覺等感官，實際感受在地氛圍與故事呢？

③**帶動情感：**情境與情節的規劃，都是為了創造旅人的感受。你希望激起旅人什麼樣的情感，讓彼此深刻交流？同時檢視這些規劃安排，最終是否達到目的？

Lesson 9

導演的實踐（1）——幕後的導演

導演並不是坐在導演椅上發號施令？導演角色更重要的是執行力？

這一堂課的主題「導演的實踐（1）」，要帶大家一起思考，當規劃出吸引人的行程之後，該如何具體落實？你是風土經濟的設計師、規劃者，更是一位落實理念的實踐行動者，就像導演一樣，根據劇本內容，把每個環節做好，每個演員各司其職，才能演出一場精彩的風土舞台劇。

導演是風土經濟學中，最重要的說故事者。要把故事說好，必須兼具多樣化的視角，也就是第3課提到的「複眼新視角」。風土設計師需要具備四個複眼新視角，要同時擁有家鄉的局內人與局外人觀點，又要兼顧細節與大局，檢視調整自己的風土資源，創造新優勢。而局內人的角色，既要如老鷹的俯瞰，專注在從上而下的策略端，了解外界的發展趨勢，找出自己家鄉與事業在生活、生產與生態風土上的獨特性；也要像蚯蚓般深掘鑽研，由下而上的在現場參與執行，親身感受，親力親為，才能確實帶動轉型。

導演不是坐在導演椅上發號司令，而是要建立工作流程，並指導每個體驗環節的演員，根據劇本賦予的任務，呈現各自的故事，同時，還要進行溝通協調，掌握現場的執行細節。

導演更必須擁有局外人的客觀觀點。他不能停留在舒適圈，要站在旅人、觀眾的角度來思考，檢視整體體驗內容與品質，能否引發觀眾的關注與感動。唯有滿足旅人的期待，牢牢掌握他們的情感，跟在地風土舞台的生活、生產與生態相扣連，才能創造體驗經濟的效果。

落實風土經濟學的關鍵能力

導演的實踐，是落實風土經濟學最重要的能力。導演兼具兩種重要角色，第一個是幕後的導演工作，第二個則是幕前串場引導的主持人。這一堂課，就跟大家討論第一個角色，幕後的導演工作。

高雄山城甲仙，位居交通要道南橫公路上，從甲仙可以通往六龜與那瑪夏，直抵台東。甲仙盛產芋頭，成為往來各地的中繼站之後，旅客常會在此短暫停留，吃吃芋頭冰、芋頭酥，休息一段時間再出發。

二〇〇九年高雄遭遇嚴重的八八風災，甲仙受到重創，平埔族聚落小林村全村遭土石流掩埋，帶走近五百條人命。南橫公路亦因此損毀，修復不易，往來的旅客大幅減少，以往做過路生意的甲仙，也從此沒落。當時地方政府為了吸引旅人到災區旅行，採取以低價補貼旅費的方式，例如八十八元新台幣遊災區（與八八風災諧音），這種低價行程的參加者幾乎都是以退休人士、村里參訪團為主，大家往往只是打發時間，沒有消費的意願。再加上行程缺乏吸引力，無法帶動地方經濟，結果只是締造旅遊人次，卻沒有實質效果。

有一次，我無意間受邀到甲仙演講，居民希望我能幫他們規劃旅行，重建生機。我當時心想，我只是意外的訪客，之後應該也不會再來，雖然點頭含糊答應，但心想甲仙鄉親應該也不會在意。

不久後，甲仙國小拔河隊因在多項比賽中贏得好成績，吸引導演楊力州前來拍攝紀錄片《拔一條河》，最初的三十分鐘版本放上網路後，振奮人心的故事旋即受到關注（相關故事請參考我撰寫的《走自己的路，做有故事的人》與《機會效應》）某次，我受邀到旗山，為旗山、美濃、甲仙與六龜等九個鄉鎮區域的社區工作者開設旅行設計工作坊，正準備回台北的楊力州知道我在當地，特地來找我。

我們利用課前的十五分鐘時間，我邊吃便當，他邊講自己正籌劃拍攝九十分鐘的《拔一條河》完整版，內容包括記錄甲仙國小拔河隊，幾位從柬埔寨遠嫁來台灣的新移民，以及支持社區重建的地方人士，如何在風災之後致力地方重建，並協助拔河隊孩子成長的故事。我聽了很感動，問楊力州，「那你找我做什麼？」他當下說不知道，但直覺我們應該能為甲仙做點事。

透過《拔一條河》帶動甲仙小旅行熱潮

楊力州的熱情，以及在地故事打動了我，決定全力投入。而且《拔一條河》上映之後應該會帶動話題，如果能藉著這部紀錄片的話題推動旅行，就有機會帶來改變。離院線上映還有一段時間，我主動找地方組織合作，希望能整合資源，規劃兩天一夜的旅行，為地方帶來商機。我想打破政府與公關顧問公司間的標案結構，讓在地人有更多發揮空間，建立自主營運機制，而不是被動接受資源，被顧問公司、旅行社牽著鼻子走。前提是甲仙旅行能夠成團，並掀起話題，有了好成績，才有可能帶來觀念與實質的改變。

我腦中已有構想，可以將電影中的部分橋段轉化成旅行的體驗內容。片中有幾幕畫面讓我特別難忘，例如拔河練習與比賽的過程讓人驚心動魄；例如在不少人遠離甲仙、移居他鄉之際，柬埔寨籍的沈文香還擴大栽種芭樂的面積，希望增加收入，她經常煮南洋料理給拔河隊孩子吃（許多外籍配偶的孩子也是拔河隊成員），讓孩子知道母親的家鄉手藝，甲仙日益減少的人口，以及勞動力缺口，不少都是由這群南洋姐妹填補；另外，當地人將隨風災漂流過來的垃圾桶改裝成烤箱，烤雞給夥伴吃，也非常有趣。這些讓人或意外、或感動、或歡樂的戲劇化元素，我透過編劇的洞察力，開始思考，如何轉換成旅行中難忘的體驗。

最重要的元素是拔河，要將甲仙這個獨有的故事融進旅程。我先跟甲仙國小拔河教練張永豪溝通，讓旅人付費體驗拔河，親身感受團隊合作，也請拔河隊的孩子擔任助理教練。體驗過程中，教練會先讓大家熱身，包括一人坐在輪胎上，另一人則以繩子綁在腰間拖行以鍛練腰力等，讓旅人了解孩子們平常努力練習的情形。接著旅人會分隊比賽，勝隊再跟甲仙拔河隊進行最終決賽。拔河結束後，大家汗流浹背、精疲力竭，雙手幾乎快握不住東西，最後旅人跟拔河隊孩子們一起吃冰棒、大合照，有時還會繞著甲仙國小小小的操場，進行大隊接力比賽。

午餐就吃被我取名為「環保梅子雞」的垃圾桶梅子雞，而且要讓旅人親眼看到垃圾桶，甚至讓他們猜猜裡面裝了什麼？再打開蓋子，帶來驚喜。

沈文香的故事也很動人，我想請她負責第一天的晚餐。沈文香一直很想開一間南洋料理小店，卻沒有資金。於是我跟在地朋友協調，有沒有多餘的老房子，可以讓楊力州導演有個安靜的空間，拍攝文香做菜的畫面；之後旅人也能有吃飯的場地，甚至未來可以接受預約餐點。幾個月之後，在地朋友真的出借閒置的三合院老家，讓文香一圓開店之夢，我們旅行團的晚餐場地也有著落了。

行程的第二天早上，我規劃到文香的芭樂園體驗農事。為了事先了解體驗內容，我跟她一起工作，她教我如何篩選、摘除不健康的芭樂，再用塑膠袋與保利龍套裹住健康的芭樂，不被蚊蟲叮咬，不受日曬雨淋。這些細節與技巧都是大學問，她的工作內容，就是旅人最好的體驗。

我也跟著在地農人採筍與割筍，之後就請農友擔任老師，並教導旅人進一步認識竹筍，包括筍管、筍尾等不同部位的處理方式，以及口感差異。午餐時，旅人即會品嘗到由自己參與剝殼、切塊的各種竹筍料理。

我同時跟餐廳業者討論第二天的午餐。由於甲仙有不少客家移民，我建議要呈現客家移民故事、善用在地物產，例如芋頭、竹筍與梅子等。記得我第一次嘗到清炒新鮮芋梗（即芋頭的綠莖），以及用日曬過後的芋梗做成的排骨花生芋梗湯時，對口感與滋味十分驚奇，那是城市吃不到的味道。因為大多數人會直接將芋梗丟棄當肥料，但是惜物的客家人，卻會拿來清炒，以及日曬後保存。我堅持保留這兩道菜時，業者還很不好意思的說，這是窮人吃的菜，實在端不上檯面。我回答，這才是在地特色，是你們的生活，你們的故事。他們這才恍然大悟，之前都以為要迎合觀光客喜好，才算滿足需求，原來他們既有的生活內容才最珍貴。

記得他們曾說，洪老師，你像外星人，我們認為好的，你說不好；我們認為沒有特色的，你卻說很有特色。

和在地人一起設計感動旅程

到甲仙旅行，了解小林村的歷史與遭遇，是最重要的關鍵。倖存的小林村民，搬遷到距離兩公里外的重建村，社區附近有個小林紀念公園，可在那裡緬懷憑弔逝去的親人，追憶小林村過往的歷史。我決定將行程第一天下午，拉到小林紀念公園，並事先場勘，與工作夥伴在現場討論流程。在地朋友提議，可否帶旅人向小林受難者獻花致敬？這個建議很好，透過儀式可以讓旅人心情沉澱下來，也是對這塊土地與受難者的尊重。紀念公園有兩道牆，牆上放著罹難者的姓名，名字旁有小孔可以擺花，我們可以請旅人幫忙整理乾枯的枝葉，再插上鮮花，讓旅人親身感受這趟旅行的意義。

負責導覽的解說員，雖然受過解說訓練，但走路太快，也容易緊張，不太敢面對旅人說話。於是我先帶著他練習，請他一一描述逃難過程，小林村過去的生活細節，以及現在的重建過程。

由於甲仙沒有民宿，只有一般老旅社，旅人要住在哪裡呢？我幾次來甲仙都固定入住一家老旅社，簡單乾淨，但是毛巾又薄又小，並不舒服。幾次跟老板娘反應，她都說這裡不易曬乾，很麻煩。然而一旦旅人入住，這樣的小細節尤其不能輕忽。於是我再跟老板娘溝通，還一次包下八團的住宿，展現有力的承諾，老板娘終於願意花錢添購大浴巾。

萬事俱備，我先帶實驗團來踩線，讓在地人透過實戰練習，調整修正內容。踩線團抵達甲仙時，隨團就跟著幾位年輕在地社區工作者，他們想觀察與學習，如何規劃行程，如何跟旅人溝通，如何確切執行流程。

例如第一天下午，我們搭車前往小林村，有導覽員一直介紹小林村的經濟物產，過於冗長且離題，不少旅人因此在搖晃的遊覽車上睡著了，我從旁提醒要切入主題，對方卻沒有盡快調整，我因此趕緊更換解說員。當後來的解說員談到小林村親戚在風災中的遭遇，以及後續處理情形時，大家都睜大眼睛，專注傾聽。我一邊帶路，一邊利用空檔對觀摩的社區工作者解釋，解說員哪些地方失焦了、重複了，應如何調整內容、拉住注意力。

晚上，我與合作團隊檢討當日執行成果，確認隔天行程細節。如此反覆琢磨修正，直到確保達到應有品質之後，我們才正式對外推出付費行程。

一個失去一切、什麼都沒有的小鎮，要如何重生，讓旅人願意來玩兩天，實在是一大挑戰。更有人懷疑，小旅行一團才二十人，能帶來什麼產值？即使整合商圈業者、農民、新移民媽媽，畢竟還是少數人，能帶來什麼改變？

我沒辦法用規模、總量、產值這些數字，去承諾、去說服一個受到風災襲擊、等待重生的鄉鎮，我只想給這群緊緊握住繩子、不肯放手的人一點鼓勵與信心，因為《拔一條河》紀錄片提出了一個詮釋甲仙的角度，我想把握時機，進一步整合資源，持續前進。

此外，甲仙過去習慣做過路客的生意，不知道如何呈現自己的風土文化，也缺乏整合規劃的經驗，透過此次小旅行的練習，可以提升在地朋友的相關能力。如果能一步步從小細節做好、做紮實，就有能力接待更多團體，擴大正向循環的可能。

為了讓預計的八個梯次順利成行，我先洽談了兩個員工旅遊團，以及一個文創業者的體驗旅行工作坊，再來還有四個團需要對大眾推廣。結果，因為紀錄片上院線播映的效應，引發大家對甲仙的好奇，再加上逐漸發酵的口碑，一團接著一團陸續成行了。

有位旅人說，晚上走出旅社閒逛，遇到一個老婆婆，好奇問她旅行的事情，因為甲仙根本沒什麼好玩的，她想知道他們為何而來？旅人提到去小林紀念公園獻花的過程，婆婆恍然大悟，因為她就是賣花人，她頻頻笑著說，有人來就好了，有人來就好了。

計師。

運用方法，落實想法

回到導演的實踐這個主題。一個地方組織的領導人，就是一個導演，也是一個風土設計師。

教授導演技巧的茱迪絲．衛斯頓（Judith Weston），在《電影表演：導演必修課》（Directing Actors）一書，分析導演跟編劇的差異，導演都是視覺取向，他們的視覺想像力比故事想像力（亦即編劇）來得出眾，導演拍攝時等於又改編了一次劇本，詮釋出劇本沒寫出的、看不到的冰山世界。

「電影導演懂得如何利用視覺化使故事線更緊湊，改進原來的劇本，可以把三或四頁對話的場面，濃縮成一個緊湊有戲劇性的三分鐘場面。」菲爾德（Syd Field）在《實用電影編劇技巧》（Screenplay）強調。這是更具體的行動策略。

即使不是組織領導人，一個推動地方活化的工作者，也須具備導演的工作態度與執行力。創作就是創新實作，一個好創意，需要找出方法，徹底落實，才有具體成果。我們往往有太多劇本，太多構想，太多話想說，但是想的人多，說的人更多，做出來的人卻很少。

回到甲仙的例子。我試著找出這些亮點，先從局內人的策略高度，重新調整內容，包括拔河練習、品嘗南洋與在地料理、芭樂農事體驗、小林紀念公園致意等。接著落到執行細節，透過反覆討論與演練，以及踩線團，協助每個故事主角實地練習，進而帶領旅人深刻體驗在地風土文化。最後，更要從局外人的客觀角度，確認每趟行程是否符合旅人期待，是否帶給旅人驚喜，如此才能創造口碑，帶動後續效益。

除了親自帶團，晚上跟在地組織開會檢討時，我期許他們能學習旅人的思維、編劇的洞察，以及導演的實踐，因為我只是過客，任務結束，總有離開的時候。而在地組織能否承接未來的重任？能否持續引導旅人深度體驗，創造感動與口碑，進而帶動地方商機？才是更關鍵的下一步。

課後複習&練習

如何與在地夥伴設計行程

設定主題，安排行程

實地演練，即時調整

執行後的檢討與修正

如何與合作夥伴設計一場感動的旅行，甚至成為常態的經營模式，是一大挑戰。常見的問題是，理念過高，細節不足，或過於瑣碎，沒有重點。想有效解決，需要更多的溝通與共識，規劃並掌控流程，以及管理品質。請你想一想：

①**設定主題，安排行程：**你是否已設定貫穿整個活動劇本的明確主題？每段行程都已經安排妥善？每個環節的參與者都明白自己的任務，並知曉即將接待的對象？

②**實地演練，即時調整：**是否安排踩線團或模擬體驗團，到每個流程點實地體驗、操練，以了解可能遭遇的問題、適當的節奏，並盡快調整，即時因應？

③**執行後的檢討與修正：**活動結束後，是否與工作夥伴進行全盤的檢視與討論？是否意識到各自的優缺點？並提出確切可行的改善之道？

Lesson 10

導演的實踐（2）——幕前的帶路人

帶路人就是一個拿著麥克風的主持人，但聚光燈應打在地方業者與小農身上？

上一堂「導演的實踐（1）」所探討的主題是，如果你的合作夥伴、你的事業團隊像個劇團，地方風土就是你們的舞台，而你這位規劃者，宛如一位幕後的導演，必須兼具局內人與局外人雙重視野、策略端與執行端兩種立場角度，才能帶領團隊完成精彩演出。

這一堂課的主題「導演的實踐（2）」，要帶大家討論的是，風土舞台上，除了每位演員各司其職，負責串場的帶路人更肩負重任。帶路人的角色跟傳統導遊不同，體驗旅程需要一個中介者，他要具備導遊的靈巧，以及說故事的能力，還要熟悉在地風土與業者特色，如同主持人一般，讓通常不擅言詞的店家、農人、業者、社區鄉親，能生動自然的侃侃而談。

這樣兼跨多元專業的角色，不是隱身在幕後的導演，而是在旅程現場的導演，我稱為帶路人。

帶路人要適時的隱藏自己

一位理想的帶路人，最好本身就是旅程規劃者，或是主要參與者。他像是旅人與在地業者之間的引介人、翻譯者。他在現場同時扮演兩種角色，一是引導旅程，提高旅人的好奇心與期待感；另一則是在現場穿針引線，引導店家說故事，同時能機動調整行程節奏。

參與美濃與石梯坪小旅行的旅人李洛鈴，她在碩士論文提到我擔任帶路人的特色：「筆者觀察到領路人把自己原本解說員的角色弱化、藏起來，透過說故事的方法，將每個景點穿針引線……。到了當地，每一個景點都由在地居民或業者自己介紹自己，而由領路人擔任訪問者的角色，遊客聽著未經演練的常民故事，獲得輕鬆、自在的滿足。」每個家鄉事業、每個村落，都應該培養這種專業人才，才能對內整合資源，對外溝通連結。

以我自身的經驗為例。我從旅人的思維，探索地方風土特色；進而進入編劇的洞察，找出主題特色，設計出有情境、情節與情感的旅程；最後進入導演的實踐，協助地方業者、農人說出好故事，維持品質。我設計、參與體驗行程的每個環節，跟在地朋友又相互信任，擔負帶路人的工作自然駕輕就熟。

上一堂課我談到自己完成甲仙旅行既定目標，希望交棒給甲仙在地組織，才能達到自主營運的目的。但是整合地方資源並非易事，在地人往往各自為政，我擔心自己在相關條件尚未成熟時就離開，好不容易建立起來的共識與組織架構，可能會回到原點。於是我決定繼續投身其中，同時調整做法，更專注於協助地方組織能夠承接導演的實踐工作，兼顧團隊領導者與帶路人的專業。我也希望挖掘出更多在地特色，讓更多農人、業者站出來，參與風土舞台的演出，同時將旅程從兩天延長到三天，以創造更多商機。

平埔族群落，小農產業都是體驗亮點

我關注的焦點從熱鬧的甲仙商圈轉移到安靜的村落。我回到第一次演講的關山社區（古名阿里關），那是一個平埔族聚落，但飲食等生活習性幾乎都漢化了。我發現當地居民還吃一種加入香蕉與花生的糯米飯，顆粒分明的糯米，其間夾藏香蕉細絲，散發自然甜味，再配上香氣十足的水煮花生，慢慢咀嚼，微鹹帶甜，這是平埔族數百年來的傳統食物，也用來祭祀神明。

離闢山社區不遠、藏在山裡的嘉雲巷，則住著來此開墾的嘉義梅山移民，他們種筍、種龍鬚菜，滿山遍野的龍鬚菜，遠看宛如茶園，景色非常美麗。我住在一戶農家家裡，清晨就出門採摘龍鬚菜，要一根根採下，再用橡皮筋束成一把（每把十兩重），就像一束綠色捧花。中午過後，盤商菜車會來載走這些新鮮龍鬚菜。清早工作結束後，農家大姐清炒龍鬚菜，搭配其他在地食材，成為一桌豐富的早餐。

附近還有一戶人家，夫妻親自種植有機甘蔗，壓榨成甘蔗汁後，再熬煮成黑糖。在台灣大型糖廠所剩無幾的現今，進口糖充斥，而這對夫妻依然沿用古法製糖。他們的甘蔗田曾遭遇十幾隻山豬吃光甘蔗，導致產量中斷，客人得等上一年。甘蔗好吃到連山豬也瘋狂，不禁讓我好奇，想嘗嘗這股黑糖滋味。於是我參觀並體驗他們的製糖工作。

他們以龍眼木為柴火，用天然方式熬煮蔗漿，得煮上四小時，其間必須不停地攪拌熱騰騰的冒泡蔗漿。等蔗漿逐漸凝結後，大姐化身為大力士，端起炙熱的大鍋放在地上，繼續用木鏟攪拌，直到溫度降低、蔗漿越來越黏稠，再倒入鋪上牛皮紙的盤子，以鏟子鋪勻。二十分鐘後，大姐用刀子將凝結的土黃色黑糖劃成一格一格，再冷卻一陣子，最後把整盤黑糖翻過來，剝下一顆顆黑糖。我邊剝邊偷吃，手指頭感受黑糖的餘溫，口裡、手裡都暖暖甜甜的。

一個半小時的黑糖體驗，從洗甘蔗、榨蔗汁、熬蔗漿、鏟蔗漿、鋪蔗漿，到最後剝下黑糖，可以依序嘗到新鮮甘蔗汁、麥芽糖口感的蔗糖、鍋巴碎屑糖，以及微溫的黑糖，這是只有身在現場才能體驗到的不同滋味。旅人實際體驗黑糖生產過程，了解製程的細節與辛苦；第一手品嘗剛出爐的黑糖後，再採購一些帶回家細細回味，並因此與純樸小農建立深厚的關係。

從蒸煮平埔族的糯米飯、採摘龍鬚菜，到製作手工黑糖，都能感受到地方小農的生活、生產與生態風土特色，這些才是甲仙最純樸動人的風光與質地。

村落民宿，銀髮族變接待者

儘管甲仙擁有豐富的體驗資源，我卻一直有個遺憾，即除了老旅社，來到甲仙還能住在哪裡呢？

某個週六上午，我參與關山社區的老人日間托護活動，主要是「十八歲」（在關山，六十歲的長輩被戲稱「十八歲」）幫資深長輩（七十到九十歲）量血壓、做健康操、玩遊戲與吃點心，中午再一起用餐。長輩們一週難得活動一次，都很開心。

活動結束後，大家打包未吃完的午餐，當時快八十歲的社區理事長阿吉伯，還開車將九十多歲的老夫妻送回家，另一對老夫妻則拄著枴杖，靜靜等待阿吉伯再回來接他們返家。我在一旁陪伴，內心很感慨，這個小小農村，都是老人，老人再服務更老的老人。他們健康和樂，互相扶持，甚至還勤於農務。只是缺少年輕人的陪伴。

有一天，我在村裡閒逛，看著九十多歲的雜貨店阿嬤包檳榔，幾個長輩坐在店門口聊天。這幾個長輩剛剛才搭著公車到外地看病、採買回來。我抬頭看看四周，彼此錯落相依的房子，突然靈機一閃，由於人口外移，這裡有很多閒置空間，如果整合這些空房間，讓旅人入住到長輩的家裡，可以因此和村民有更多互動，不就是村落民宿的概念嗎？還可以解決原來的旅行住宿問題。

我與地方團隊和長輩溝通。長輩們一開始說不可能，認為自己又老又不好看，旅人願意來嗎？我不斷遊說與打氣，建議先試試看，幾個較積極的長輩眼睛都亮起來了，綻放躍躍欲試的笑容。只要有幾個人願意，就能突破現狀，帶動更多人加入。

住宿有了著落，我在這個村落規劃的三天旅程就串起來了。例如白天練習拔河，下午到小林紀念公園，傍晚到關山社區體驗平埔族的糯米飯晚餐，夜裡就分住在不同長輩的家裡，隔天一早搭農用車上山，去嘉雲巷農家採龍鬚菜，最後則是體驗古法製作的手工黑糖。如果行程遇到週六，還可以參與社區的長輩日托活動，幫他們量血壓，陪他們聊天、做健康操、玩遊戲與吃點心。我發現當旅人跟長輩一起活動時，長輩們笑得很開心，競賽時也特別起勁。

有一位到台灣各個社區做巡迴醫療的醫師，也參加我規劃的旅行，當他參與日托的體驗行程時，不禁驚呼，原來社區照護也可以設計成旅行，讓健康老人變成帶路人，這不僅可以強化銀髮族的身心健康，也能讓旅人深入了解各地城鄉。

在關山社區的行程，我帶著地方組織練習資源整合，直接讓社區長輩負責餐點、住宿、農用車接送與農事體驗，長輩們因此有收入，還能發揮各自專長，跟不同旅人交流。如此規劃得到很多正面肯定。我也讓地方朋友練習當帶路人，藉由觀察我的實地示範，斟酌何時該說話，何時可退場，何時可以引導小農說自己的故事。透過一次次的練習，建立自己身為帶路人的自信與專業。

如此一來，只要善用並整合在地既有資源，不需要額外花錢蓋民宿，就能創造特有的生活、生產與生態體驗。

也可以採取培養分區帶路人的方式，有助於擴大在地人的參與。例如在地組織甲仙愛鄉協會是對外溝通、對內整合的窗口，也是整體規劃的帶路人，在每區再培養一位帶路人。例如商圈帶路人負責介紹商圈與整體甲仙特色；關山社區也有長輩帶路人，負責現場協調，以及接待旅人；來到五里埔的小林社區，也有帶路人負責導覽紀念公園、社區，以及各種體驗活動。

各區帶路人對內負責品質與流程，對外跟愛鄉協會溝通，愛鄉協會則事先確認每個流程的細節，對外地旅人負責。這個分區培養帶路人的方式，也能挖掘更多有潛力的夥伴，讓他們累積專業與自信，不斷擴大參與的力量。

帶路人的脈絡力、引導力與控場力

回到帶路人的主題。一個好的帶路人，需要具備三種能力，脈絡力、引導力與控場力。

脈絡力是帶路人在抵達每個體驗點之前，對旅人說明重點脈絡的能力。為何要來這裡，有哪些特色與故事，就像是電影預告，引發旅人的期待，又不透露劇情。

例如來到關山社區，我會先說明，這個村落住的是清朝乾隆年間，從台南玉井盆地翻山越嶺、遷徙過來的平埔族，因為地處漢人、平埔族與高山原住民相互貿易的關卡，因此取名關山。雖然平埔族已經漢化，但仍能從飲食跟祭祀找到一些蹤跡，例如當我們來到當地的三合院用餐，會對旅人解說糯米飯的歷史源流、使用食材，以及料理方式，並讓旅人參與蒸煮過程。

帶路人第二個能力是引導力。許多傳統的地方導覽者、文化歷史解說者，都只在意自己想傳達的知識，而忽略旅人的感受與興趣。帶路人最重要的專業能力之一，在於根據不同情境，安排各種情節，帶動旅人的情感，進而創造在地人與旅人的對話交流。帶路人也可以透過引導與提問，幫助地方夥伴聚焦重點，並透過比喻等方式，讓旅人更理解在地用語。

例如社區裡駕駛農用車的四位銀髮族，我介紹他們是「Ｆ４」，分別開著法拉利、保時捷、藍寶堅尼與瑪莎拉蒂的敞篷跑車，大家都被逗笑了，長輩也覺得有趣，因此拉近了彼此的距離。又例如搭乘農用車上山採摘龍鬚菜。當我們戴著斗笠，聆聽農家解說與示範，如果農家講解得太複雜，我會適時插話，簡化過程，並引導農人分享有趣的生活小故事。

帶路人第三個能力是控場力。帶路人就像一個主持人，但不是拿著麥克風獨自滔滔不絕，而是適時將麥克風交給業者、小農，將聚光燈打在他們身上。帶路人還要隨時注意旅人的反應，適時調整節奏，隨機應變。

例如我們離開龍鬚菜農田之前，我會請工作團隊確認下一站黑糖熬煮的狀況，最佳狀態是還有一小時就能起鍋，旅人才能在現場看到最精彩的過程，不需浪費太長的等待時間。

風土經濟學具體落實的最後一關，就是先培養一位帶路人，再持續挖掘更多潛力帶路人，滾動改變的力量。

課後複習&練習

帶路人就是旅程現場的導演。而現身幕前的帶路人，往往也能激勵現場士氣，促進團隊認同感，以及督促業者提升體驗品質。請你想一想：

①**脈絡力**：在顧客面前，你預計講述哪些必要的重點？顧客發問時，你能迅速且簡明扼要的回答嗎？你有事先揣摩顧客可能的反應，並提出因應的對策嗎？

②**引導力**：你是否計劃性的自我訓練表達能力？是否在解說腳本中安插笑點或感動點？你熟悉負責每段流程的業者與在地夥伴嗎？他們解說時可能會出現哪些狀況？你要如何適時切入並引導他們？

③**控場力**：你能否一邊掌控流程，一邊留意旅人的反應？如果有人心不在焉、隨興離場，你會怎麼做？萬一行程延遲，你要如何加快速度，或提醒現場負責人調整節奏？

第三部

風土如何感動

——風土設計實戰篇

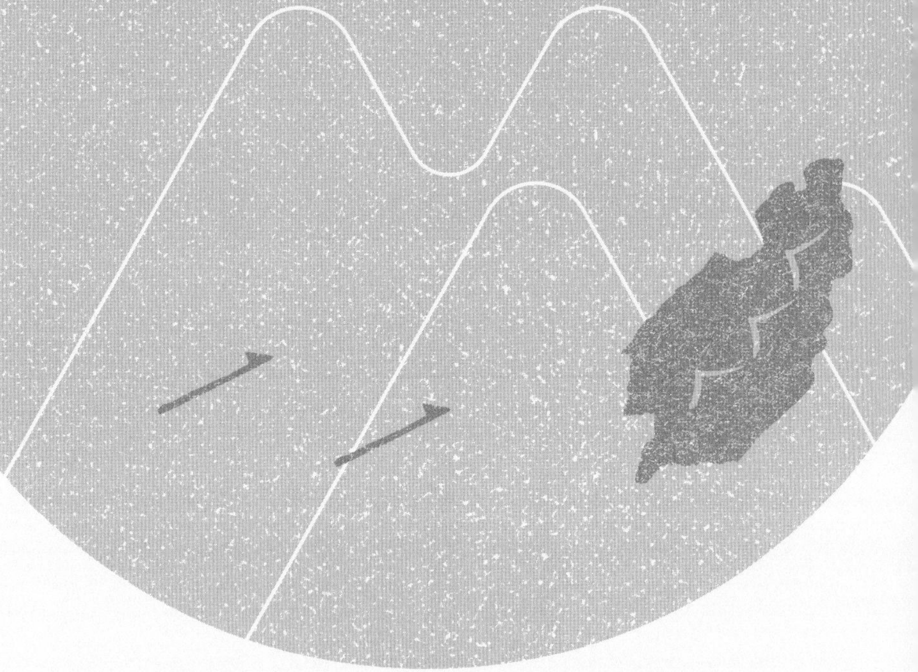

Lesson 11

設計餐廳民宿的風土餐桌（1）

風土餐桌為何是風土經濟學的核心與縮影？主廚與管家為何要走出舒適圈？

第三部分的主題「風土如何感動——風土設計實戰篇」，將以五個我參與規劃與執行的個案，分成三個主題，討論如何設計讓人難忘的深度體驗。

這一堂課將帶大家一起思考，一家餐廳、一間民宿，如何設計出具在地特色、又有故事的風土餐桌，廚師、設計者、說菜者要如何密切合作，創造感動與回憶。

旅人遠道而來，體驗最深、日後最津津樂道的，往往不是大山大水的壯麗風景，不是大魚大肉的高檔食材，而是在地的風土飲食與人情故事。那可能是在某個偶然情境下，吃到的幾道在地料理，聽說的當地風俗民情，以及與在地人聊到的種種話題。

說起我自己最難忘的菜，一道是第4課提到的，池上阿美族千歲舞蹈團的石頭火鍋，長輩們將上山下海、費心張羅的魚蝦海鮮放進鍋裡，再丟入烤熟的石頭，霎時冒起白煙，海鮮立刻熟透，那個畫面真是驚人。另一道，則是在南投仁愛鄉賽德克族的清流部落，吃到沾蜂蜜的紅豆飯。現場沒有餐具，得用手抓起熱騰騰的紅豆飯，在掌心搓揉成形，再沾蜂蜜入口，又燙又好吃。

這些經驗都讓我深深體會，除了看書、閱讀歷史資料，若能將生活、生產與生態的風土特色融合在料理中，透過舌尖的親身體驗，或許能讓旅人更輕鬆的認識一鄉一鎮的風土人文。

風土餐桌，風土經濟學的核心與縮影

為什麼一個地方的風土餐桌這麼重要？也是我設計地方旅行時，最重視的一環？我認為，風土餐桌是風土經濟學的關鍵核心與縮影。

首先，這是在地人最擅長、最容易發揮的內容。因為設計風土餐桌，必須深入了解在地的節氣、物產、食材、料理方式，以及歷史記憶，才能運用創新之眼，重新組合、變化。而身在其中的在地人，對於日常不可或缺的飲食內容，自然最熟悉，也最能靈活發揮運用。

其次，這是最容易創造體驗經濟的內容。旅人對於在地飲食總是充滿好奇，勇於嘗試，且餐桌上可包含視覺、嗅覺、味覺、觸覺甚至聽覺等五感體驗，因此讓旅人透過自身感官，享用風土餐桌料理，往往是認識鄉鎮農村，達到體驗經濟目的最直接的方式。

我在《風土餐桌小旅行 增訂版》最後一章〈風土餐桌的方法論〉，即強調餐桌是最簡單、最直接的溝通互動，甚至不需要太多成本。每個鄉鎮、村落鄰里甚至家庭，如果能追索與再現自己的風土餐桌，就能成為帶動地方創生的核心力量。

提到風土料理，我們常常想到法國，他們運用在地食材與烹調手法建立自身的飲食地位，其中的代表產業就是葡萄酒。而後許多國家也透過自己的風土優勢，急起直追，建立自己的葡萄酒產業。

現今的餐飲料理，也是回歸在地化，以風土特色為訴求，創造風土經濟學的價值。然而一方風土，何其遼闊，又何其渺小，餐廳或民宿該如何著手？如何建立自己的風土特色呢？

我曾為數家民宿與餐廳設計菜單，運用在地食材，援引風土典故，撰寫成故事劇本，訓練員工說菜、說故事的能力，讓飲食不只是色、香、味，更有無可取代的地方價值。

設計金瓜石的風土菜單

我曾經接過一個艱難挑戰，即知名的緩慢金瓜石民宿，邀請我設計一套呈現金瓜石風土特色的新菜單。

金瓜石與九份隔一座山，雖然同屬瑞芳小鎮，卻相對安靜低調。當時我剛完成花蓮緩慢石梯坪的菜單設計，從海邊來到僻靜的山城，兩者風景不同，脈絡更不同，但是金瓜石的任務特別艱難。怎麼說呢？阿美族文化充滿活力，但金瓜石往日的生活痕跡幾乎都隱匿或消失了，必須深入挖掘生活與歷史脈絡，才能呈現這個小地方的特色。

這與金瓜石的發展軌跡有關。日本統治時期，面積只有五平方公里的金瓜石，被稱為亞洲第一貴金屬礦山，曾聚集八萬人在此生活。但是金瓜石的礦工都是領公司薪水，收入微薄但穩定。相反的，九份採包租制度，礦工自己就是小老板，屬於風險高的創業者。往昔繁華年代，俗諺說「上品送九份，次品輸台北」，最好的海鮮食材都送往九份的酒家，其次才送到台北。金瓜石與九份的發展性格不同。

我拜訪金瓜石的退休老礦工，聊聊以前的生活與工作。看到阿伯還保留幾個金塊，問他當年怎麼不會想將金塊私藏帶走呢？阿伯說，大家都想夾帶，但是下班時日本人嚴格搜身，後來有人用糯米紙包住金塊吞下肚，藉以躲避檢查，還是被查獲了。

這個故事啟發了我。我請民宿主廚用蝦子做成蝦球，炸過之後，外面包上以澱粉製成、透明可食用的糯米紙，如此做法還會增添一種獨特的脆感。這也呈現了當年的礦業面貌

我也請問當時在礦坑裡，午餐都吃些什麼？老礦工說他們都用防水的水泥袋裝著飯糰，帶進礦坑。飯糰包什麼呢？阿伯說，就是豬後頸肉跟蘿蔔乾。我很驚訝，因為豬後頸肉很貴啊。阿伯笑著說，當時大家喜歡吃五花肉，沒人吃太有嚼勁的後頸肉，所以價格較低。

為了重現當時的飯糰滋味，我請主廚設計包著豬後頸肉跟蘿蔔乾的飯糰，米飯則揉合南瓜調配成金黃色，因為金瓜石地名的由來，就是因為形狀長得像南瓜，只是後來山頭被鏟平，才失去原來的模樣。這道料理就取名為「黃金飯糰」，作為民宿晚餐的飯食。同時

象徵當年的黃金夢。

我閱讀金瓜石與九份的史料發現，九份以前有四十多家酒家，金瓜石的人要上酒家得翻過山頭。知名的酒家菜俗稱「五碗三」，即五碗大菜三塊錢，食材包括龍蝦、干貝、鮑魚、魚翅與鮮魚。當時酒家女形容這些礦工白天像乞丐，因為挖礦時身上又黑又髒，晚上則像紳士，因為挖到金礦換了錢，換上西裝就人模人樣，帶著鈔票或黃金上酒家。

五碗三的典故很有特色，也成為民宿晚餐的湯品內容。我還是取名五碗三，以重現今朝有酒今朝醉的往日情景。只是為了環保，捨棄魚翅，改放蝦子、鮑魚、九孔、干貝與魚片，代表民宿的款待心意。

有了飯食、配菜、湯品，還缺少主食。由於民宿客人反應，不想吃太多海鮮，希望增加肉類，亦即豬肉或牛肉，但這樣就少了與當地的連結。我想起礦工阿伯說，他們放假會去宜蘭礁溪泡溫泉，宜蘭人也會搭火車來瑞芳賣菜、做生意，金瓜石因此有不少食材來自宜蘭。原來金瓜石跟宜蘭是一個生活圈，這點醒我，若把宜蘭食材納入菜單，就能傳達金瓜石與宜蘭的連結。

好山好水的宜蘭，食材非常豐富多元，像金棗、三星蔥，以及櫻桃鴨。我思索如何結合金棗、青蔥與鴨胸肉，以料理出獨特的風味。最後是在鴨胸肉上，淋上由紅酒、焦糖與金棗調製而成的風味醬汁，搭配切段的青蔥與金棗，這道菜就命名為「三星青蔥櫻桃鴨」。

隔天早餐是「朝食九格」，用九宮格裝上九道在地小菜，包括魚鬆、海菜炒蛋、當令蔬菜、宜蘭老祖母手工釀製的豆腐乳、來自南方澳的烤鯖魚，再搭配南瓜稀飯。

為什麼會用到烤鯖魚呢？我詢問礦工阿伯以前都吃什麼早餐？他搖搖頭，窮苦人家常挨餓，頂多吃點蕃薯籤。我繼續追問，礦場的日本長官都吃些什麼？阿伯突然陷入沉思，幽幽的說，唉，長官每天早上都吃烤鯖魚，配上一片黃色醃蘿蔔。工人非常羨慕，現在想起來還會流口水呢。我們就把阿伯的懷念化作早餐的食材，當然還有那片黃色醃蘿蔔。

跟我一同訪談礦工阿伯的民宿店長忍不住說，「洪老師，平常我們也會找阿伯聊天，怎麼你就可以問出這些東西？」很簡單，透過旅人的思維，深入了解一個人的日常生活，挖掘出許多生活細節與場景，再以編劇的洞察，找出構成故事的元素，轉換重組成讓現代人能夠感受的內容。最後還需要導演的實踐，才能創造旅人的感動。

製造驚喜的說菜劇本

我之前為了了解緩慢民宿的晚餐風格，帶家人入住緩慢金瓜石，準時在晚上六點半到餐廳用餐。

三十多位旅人坐在溫暖安靜的餐廳中，邊用餐邊聽管家說菜，管家還拿出道具、圖片，加深客人的印象。說菜過程中，我發現一些故事跟在地的連結有些牽強，或是不夠生動自然。而氣氛稍顯安靜，互動不多。晚餐結束後，說菜管家集合其他負責接待旅人的管家，道聲晚安。我看到站在一旁的主廚華姐，緊張害羞，微皺眉頭。

這套說菜內容，缺少一個戲劇化的高潮。我後來調整修正，加強最後的驚喜效果。餐點上完，調暗燈光，每桌擺上燭火，氣氛從歡愉轉成安靜溫馨，主講人依序介紹每位管家，再以掌聲歡迎主廚出場亮相，讓主廚跟大家說說話，這才完成大約一個半小時的晚餐。這樣的儀式，可以加強客人與民宿管家的交流互動，鼓勵管家與主廚的熱情用心，也讓旅人難忘。

我們回到主題，如何設計一個難忘的風土餐桌。

風土餐桌的故事，在於呈現生活、生產與生態的風土特色，關鍵人物不是設計者，而是廚師，因為唯有廚師才能將概念變成色、香、味俱全的菜單。然而傳統廚師都是在廚房裡工作，很少有意識的深入認識風土，食材也可能有固定來源。風土餐桌的精神，是要深入生活、生產與生態現場，才能找出獨一無二的故事。因此，主廚要勇於離開熟悉的廚房，到不熟悉的環境，了解地方生活，拜訪食材生產現場，探索生態的種種變化，才能刺激想法，找出特色元素，回到廚房試做。

負責說菜的管家，則是站在第一線說故事的人，他們要跟客人互動，要上菜，又要說菜，工作很繁忙。說故事的練習，讓管家們不只單調的介紹菜單，而是有了新挑戰與新學習，為客人創造感動。

我的說故事訓練有兩層。第一層是故事現場的訓練。我先對管家介紹台灣與在地的風土面貌，以及菜單的設計過程；進而引導管家們學習如何觀察與挖掘風土素材，並培養說故事能力；最後帶著管家們拜訪市場、小農與礦工長輩，聽他們閒談講古。身歷故事現場，才能真正融入情感，進而傳達給客人。

第二層訓練，則是讓管家們在餐廳現場說菜。我設計一套說菜劇本，從開場的金瓜石歷史源流、風土特色，到民宿的品牌精神，再到一道道菜色，包括：開胃飲品、前菜、主菜、米食、時蔬、湯品與甜點等，直到最後的謝幕。劇本有完整的故事內容，也有重點摘要，還有各種道具。例如在現場拿出原始食材，或是金瓜石的歷史圖片、生活器具，讓管家能彈性運用，才不會過於生硬死板。

這兩層說故事訓練，能夠引發管家對食材、對人物的興趣，日後才能透過自己的訪查，找到更多故事元素，豐富菜單內容。

設計有生活、生產與生態特色的風土餐桌，可以讓看似普通的菜色，或是平凡的鄉鎮，都能找到獨一無二的風土經濟。

課後複習&練習

設計一個有故事的菜單，必須克服三個「現場」挑戰。首先是故事現場，透過生活、生產與生態的田野調查，深入了解地方風土；接著進入菜單現場，為食材料理賦予故事特色，寫成劇本；最後是餐桌現場，料理依序端出，讓客人除了美食，還能對地方留下深刻記憶。請你想一想：

①**故事現場**：你與廚師、餐廳員工會到菜市場以外的地方尋訪食材嗎？你所在的地方，哪裡可能蘊藏生活、生產與生態風土故事呢？有沒有讓你印象深刻的人、事、物？

②**菜單現場**：你如何將蒐集來的人文故事、特色食材，轉換成一道道菜色？以主菜為例，你如何介紹食材？預計穿插什麼典故逸事？你想用哪道料理畫下完美的句點呢？

③**餐桌現場**：你如何訓練員工說菜？你或說菜人是否已做好萬全準備？有沒有道具或圖片輔助？主廚會現身說法嗎？如果顧客好奇提問，能不能隨機應變，並增加對話交流？

Lesson 12

設計餐廳民宿的風土餐桌（2）

當在地食材成為尋常必備招牌，什麼才是進一步打動人心的關鍵？

對於專程而來、充滿期待的旅人來說，風土餐桌是最容易滿足五感體驗的饗宴。而好食材、好料理、好故事，是風土餐桌的設計核心。

我有位身為企業董事長的朋友，因為聽了某家中部民宿主人的創業演講，非常感動，決定親自前往那家民宿，感受在地文化與熱情。雖然是在傳統三合院享用晚餐，吃的是以在地食材做成的便當，但菜色滋味普通，民宿員工說菜時，表達方式生硬，像是背誦出來的，無法引起共鳴，跟他聽演講時的感受有明顯落差，內心很是失望。隔天退房後，他四處走走，在附近遇到一位開小飯館的中年婦人，對他熱情打招呼，他因此入內用餐，聊了許多小店的經營故事與在地生活。雖然只有幾道簡單的家常菜，卻讓他感動莫名，彷彿跟家人閒聊一樣輕鬆自在，稍微撫慰昨晚的遺憾。

根據科學家的研究，食物的風味來自味覺、嗅覺與觸覺。食物之所以能引發共鳴、聯想與記憶，來自於我們個人長久累積的經驗記憶，就像情感的海綿一樣，創造我們與食物的連結。

觸動人心的風土餐桌，要有情感連結與在地脈絡

風土餐桌要觸動人心，食物美味是必然標準，但還必須飽含情感的連結，以及在地的脈絡。就如同我這位朋友，來到傳統三合院住宿與用餐，就是想追憶鄉愁，但是餐桌上的食物、說故事的人卻無法引發共鳴，反而是隔天單純質樸的人情滋味，帶給他美好時光。

其實各地的風土餐桌，食材與菜色往往大同小異，如何突顯特色，引發共鳴，必須從歷史傳統、日常生活中挖掘。

我分享自己另一個設計風土餐桌的經驗，地點是夾在南投埔里與草屯之間的國姓鄉。國姓鄉雖然不是知名觀光景點，卻是風土寶地。如果南投是台灣的地理中心、島嶼的

心臟，國姓鄉可以說是南投的明珠，也是當地唯一的客家聚落。雖然一半是山坡地，耕種面積有限，但是環境污染相對較少，且晝夜溫差大，讓量少質精的物產更具風味。加上合歡山上的北港溪與南港溪，位處中部動脈烏溪的上游源頭，水質冰涼清澈，是孕育豐富風土的活水。梅子、橄欖、香蕉、芭樂、枇杷、草莓、棗子與洛神等，隨著季節多元變化。而在地朋友抱持客家小農精神，享受山林生活，不四處張揚，更逍遙自在。

委託我的業主是春水堂人文茶館總經理劉漢介。他在北港溪畔有個「自在山莊」，當初是為了讓父親重回傳統三合院的田園生活，而在北港村蓋了這個山莊，將父親從雲林接來此地，重溫舊夢，安享天年。因為喜愛這裡的幽靜，他還在隔壁蓋了獨棟的莊園民宿「秋山居」，希望讓旅人也能盡情享受這裡的自然環境。

秋山居最大的特色，就是擁有一座跨越北港溪的吊橋，那可能是台灣唯一擁有吊橋的民宿吧。走過吊橋，橋下潺潺溪水聲響不斷，山莊大門對聯「秋山觀自在，春水探幽懷」，說出了莊主田園歸隱的心情。

怎麼定位民宿？如何規劃服務內容？什麼樣的晚餐才能讓旅人感動難忘？這些問題需要團隊幫忙，我也與朋友前來協助。

秋山居的山居歲月

劉漢介人稱四哥，他描述自己喜歡蒐集老東西，包括骨董、老茶、老酒、老梅與老蘿蔔，在地朋友笑他，只要老的他都愛。

他不只隱居山林，也喜歡呼朋引伴來家裡吃飯，因此讓四嫂練就一身好廚藝。他們有菜園，還有以山泉水飼養的吳郭魚，廚房與餐廳特別寬敞，超大圓形飯桌尤其可以看出主人的豪氣。打開櫥櫃，擺滿各種醬料，幾個大甕裝了醬筍、醬蘿蔔與醃冬瓜，這是客家人的料理祕方，用來提鮮、煮湯、蒸魚與蒸肉。

每次到山莊開會，餐桌上的家常菜，即說盡國姓風土物產。在地黑毛豬的滷豬腳；福菜香腸；以山泉養殖的虱目魚，用醬筍、醃冬瓜或醬蘿蔔蒸煮；自家菜園的巨無霸秋葵，燙熟後灑點鹽，滋味就非常清甜。

其中四嫂自己做的高麗菜飯最讓我難忘，那是用蝦米、香菇、紅蔥頭、肝腸、高麗菜與白米飯燜煮而成，灑點胡椒，很有飽足感，也是四哥最喜歡的家宴菜。四嫂的湯品也是一絕。除了以醬蘿蔔與蘿蔔乾煮雞湯，國姓盛產橄欖，用醃橄欖與放山雞、鴨熬成橄欖雞湯與橄欖鴨湯，雖然湯頭顏色深濃，喝起來卻清香又回甘，也是家宴必備湯品。

我很好奇四嫂的廚藝是怎麼練成的？四嫂說是受到婆婆與媽媽的影響。尤其公公在雲林虎尾當醫生，非常好客，常常請朋友來家裡吃飯。有時接受招待去酒家吃飯，回來也會描述菜色味道給她婆婆聽，婆婆用心揣摩，隔陣子就能做出一樣的菜色請客，等於吸收各種精華，再轉換成自己的家宴食單。四嫂吸收婆婆與媽媽的經驗，來到國姓鄉之後，再運用當地食材、客家醃漬物，練就了獨特的廚藝。

國姓黑豬，清流冷泉米

我的工作就是設計民宿的體驗流程，以及秋山居的風土餐桌。

因為那座獨特的吊橋，我們說服四哥，客人入住時不是開車進入民宿，而是由管家引領走過吊橋，一邊欣賞山莊的靜謐風景，一邊轉換心情，放下城市的凡塵俗事。接著是端上迎賓茶點，山居環境解說，午後的體驗活動，以及享受秋山晚宴。

最傷腦筋的就是菜單。四哥賦予我的任務，是設計每人兩千元預算的套餐，對於一般民宿晚餐，這是高檔價格，要如何設計讓旅人願意買單、又能突顯國姓風土，以及秋山居特色的菜單，真是一大難題。

我決定先訪查國姓食材，找尋靈感。

我們在四哥家宴嘗到的黑豬肉，是北港村自產的黑毛豬，豬肉幾乎只供應給在地村民，往往早上八點就賣光了。我請一家三代都是肉販、為繼承家業而返鄉的黑豬達人阿國帶我去看豬圈。

我們沿著北港溪的支流阿冷溪一路蜿蜒而上，路越來越小、越來越陡，空氣清新還帶著濕潤水氣，遠遠就看到搭有遮雨棚的木造屋舍，那就是山中的豬舍。因為通風良好，沒聞到騷臭味，豬農每天中午清洗豬隻與豬舍。

阿國說，他沒事就四處看豬、挑豬，先預訂下來，也常跟豬農交流資訊。在父親嚴格訓練下，他從體型、聲音與毛色，就能判斷豬隻的年齡與體型是否合格。一般豬販都直接去屠宰場買豬，但是阿國親力親為，挑到合適的，會抓豬回家再飼養一週，只餵麥片以改善體質。他做事細心，重視品質，難怪生意好，開市三小時就賣光了。

北港村附近也出產冷泉米，那是來自十分鐘車程的賽德克族清流部落，以合歡山融化的雪水灌溉而成，讓我聯想起日本雪國新潟縣的越光米，也是以高山雪水灌溉。跨過橫越北港溪的清流橋，就到了清流部落，這座山谷過去稱為川中島，一面環山，三面環水，進出都必須依靠橋樑，與世隔絕。

一九三〇年發生霧社事件，一九三一年，日本人將莫那魯道所屬的馬赫坡社二九八位遺族強遷到這裡，集中監管，日本人教導族人開闢水田、種植水稻。這裡水質清冷，又富有礦物質，加上不受污染、晝夜溫差大的環境，稻米生長速度比較慢，一年兩穫，每年六月與十二月是收割期，現在部落也以川中米為品牌，對外推廣。

有了黑豬肉、冷泉米，以及國姓在地物產，加上秋山居自產的菜與魚，我開始思索如何設計秋山居的風土餐桌。

山居秋暝，田園意境

一開始，我以四哥的文人特質為方向，他習於茶飲，喜歡古典詩詞，熱愛攝影與生態觀察，我就以唐朝田園詩人王維的詩作〈山居秋暝〉為題，一方面跟秋山居的意境與名稱相扣，也能呼應四哥的雅士風格。

〈山居秋暝〉　王維

空山新雨後，天氣晚來秋。
明月松間照，清泉石上流。
竹喧歸浣女，蓮動下漁舟。
隨意春芳歇，王孫自可留。

五言律詩的八句詩句，啟發我設計出八道菜，傳達八種隱居國姓秋山居的意境。

前菜是「秋山四味」涼拌菜，運用埔里有機玫瑰花醬、國姓的洛神花、草莓、梅子、苦瓜與茭白筍。傳達人生酸甜苦辣四種風味。

第二道是羹湯「空山新雨」，運用山泉水與鴨肉熬製而成，呈現秋山居的山泉滋味。

第三道是蒸蛋「松間明月」，用放山雞的雞蛋與雞高湯、烤過的埔里刺蔥與鐵觀音茶葉，擷取蛋與月亮的意象。

第四道是燉飯「石上清泉」，運用冷泉米、山胡椒馬告、埔里香菇、國姓黑豬肉與茭白筍。這是強調由合歡山雪水孕育的冷泉米滋味。

第五道「秋山王孫」，運用黑豬的松阪肉，搭配馬告、洋蔥、百合。這是讓旅人來秋山居感受在地黑豬的魅力。

第六道是野蔬鍋「春芳隨意」，運用國姓在地蔬菜、野菜與菇類，以及各種沾醬，由旅人親手汆燙。

第七道是鮮魚「竹喧漁舟」，用秋山居的冷泉吳郭魚，以及在地客家人的醬筍蒸煮，傳達竹林裡笑聲迴盪，漁舟順流而下的意境。

第八道是橄欖雞湯「高山流水」，運用放山雞、橄欖與冷泉熬煮，傳達與知音一期一會的難得相逢。

這份跟主廚討論、試做出來的風土餐桌，都是運用國姓與南投的食材，但總覺得少了一點獨特性與故事性。

合作夥伴提醒，什麼是秋山居最獨一無二、旅人一定要嘗試的菜單？我們每次來開會討論，結束後一定留下來品嘗由四嫂掌廚的料理，這會不會才是秋山居最有特色的餐桌呢？

我重新思考之後，決定推翻原本的安全牌，重新設計出以劉家家宴為主題的菜單。我深度訪談四哥，除了了解劉家平日宴客的菜色內容，也追溯他父母喜歡的料理。因為不能將劉家餐桌內容原封不動移到秋山居，而必須取其精神與精華，重新轉換，才具有設計價值，為秋山居的風土餐桌賦予新意。

秋山家宴，胡不歸

我請主廚重新調整、增加內容，終於設計出食材與故事更豐富的秋山居家宴。

第一道前菜仍是「秋山四味」。第二道開胃菜叫「嚴父味」，這是將他父親喜愛的烏魚子炒成烏魚子鬆，包在涼粉皮中，成為烏魚子手卷。

第三道羹湯改為「慈母羹」，四哥母親生前喜愛做扁魚白菜與鴨肉料理，他又懷念小時候在西螺吃過的豆皮羹。這道就以豆皮羹為底，搭配扁魚白菜與煙燻鴨胸，做成湯品。

第四道飯食「淑芬菜飯」，這是四嫂拿手的高麗菜飯（四嫂叫做淑芬），先將蝦米、香菇、紅蔥頭、肝腸、高麗菜拌炒之後，再與冷泉米一起蒸煮，最後搭配在地南瓜與茭白筍。

第五道將原本的蒸蛋「松間明月」，改成「甘侯知味」，甘侯是形容福建武夷鐵觀音的回甘喉韻，也是山莊主人四哥自取的別號。

第六道「四嫂蒸魚」，以原來的「竹喧漁舟」調整而成，也是四嫂的拿手菜，以醬筍、醬蘿蔔與醬鳳梨調味的鹹水蒸吳郭魚。

第七道是黑豬肉割包「胡不歸」，四哥初到國姓北港村時，無意間吃到讓他驚豔不已的福菜割包，頓時湧現「田園將蕪胡不歸」的心情，願意在國姓落腳停留，興建自在山莊。我將原本的割包換成特製的南瓜包，除了客家福菜、黑毛豬，花生粉，再搭配小黃瓜與生菜，取名「胡不歸」，希望旅人能多在國姓停留。

第八道湯品「高山流水」更名為「自在雞湯」，這是四哥在自在山莊款待朋友必上的湯品。

第九道野蔬鍋「春芳隨意」沒改內容，更名為「四時田家野蔬」。

第十道甜品「寶貝甜心」，四哥愛女彥伶喜愛紅豆湯與地瓜湯，她從小跟著春水堂品牌一起成長，我重新結合春水堂的珍珠、紅豆與地瓜做成甜品。

重新調整後的菜單，融入四哥的家族故事，反而成為其他地方吃不到的獨特家宴，第一版的菜單名稱雖典雅但有距離感，第二版反而親和，也容易引起旅人好奇。

這份菜單揉合國姓食材與劉家故事，搭配細膩的擺盤，成為有記憶點的饗宴。

科學哲學家卡爾．波普（Karl Popper）曾說：「不存在人類的歷史，存在的是人類生活方方面面的歷史。」每個家族、每個地方、每個鄉里，都能從過去的平凡歲月中，萃取出故事與精神。

只是我們得搭時光機去回顧這趟旅程的點點滴滴，當每家餐廳都標榜在地食材，關鍵就在於如何更細緻的深掘，再運用巧思扣連食材、生活與風土，引發旅人的共鳴，才能創造更讓人感動難忘的體驗價值。

課後複習&練習

當每家民宿、餐廳都運用在地食材，標榜風土特色時，要如何創造自己獨一無二的故事？這時，家庭的料理與故事，往往最能勾起每個人的鄉愁。請你想一想：

①**家庭故事：**你家的餐桌有哪些日常料理？你最難忘的菜色是什麼？背後是否蘊藏什麼事件？父母與兄弟姐妹最喜歡哪道菜？最常出現在餐桌上的話題是什麼？

②**家族故事：**從家庭擴大到家族，你的家族是從哪裡遷移來的？家族有什麼代表性的料理、必吃的菜色？又各自傳達了什麼樣的家族故事？

③**家鄉故事：**再放大焦點，把範圍擴展到家鄉，你的家鄉有什麼特殊的歷史發展背景？當地最有特色的食材、小吃、料理是什麼？

Lesson 13

鄉鎮村落如何設計自己的風土餐桌

空間與時間，如何讓風土餐桌變得獨一無二？

前兩堂課帶大家討論，一家餐廳、一間民宿，如何設計出具在地特色、又有故事的風土餐桌？廚師、說菜者、設計者這三方，要如何密切合作，創造旅人難忘的感動與回憶。

這一堂課把範圍拉大，一個社區、一個村落、甚至一個鄉鎮，要如何整合資源，設計具有生活、生產與生態特色的風土餐桌，創造家鄉的風土經濟？我將以兩個角度來討論小村鄉鎮的風土餐桌。一個是如何重新整合既有的風土資源，透過在地空間，讓旅人實境體驗一地的生活樣貌。另一個角度是善用家鄉的傳統節慶活動，讓風土餐桌的體驗內容更豐富有趣。

上鄉歌劇院的感動體驗

先說第一個案例。第1課「老風土，新商機」提及日本新潟的越後妻有大地藝術祭，我曾帶領藝術祭五天旅行團拜訪其中最偏僻的津南町，其中一個行程，是到因為震災而廢校的上鄉中學用餐。

我們先大致了解越後妻有大地藝術祭的脈絡。這裡冬天常有大雪，被稱為雪國。當地長輩形容，有時積雪會高達六公尺，每天都必須努力鏟雪，否則屋頂會被壓垮。冬天時，眼前幾乎都是灰暗的，也沒有太多物產，只能以醃漬品度日。在如此背景下，由藝術策展人北川富朗發起，邀請日本當地與世界各國的藝術家，在每個小村落駐村，結合地景與文化，或改造地方空屋，或重新創作藝術作品，試圖透過三年一度的藝術祭，帶動觀光以振興地方。

抵達上鄉中學之前，我們先參觀其他藝術空間。其中即有個房間，藉著投影，在黑暗中逐頁投射出《北越雪譜》的內容，那是日本江戶時代後期，名叫鈴木牧之的作者，記載津南地區冬天大雪的生活趣聞、壓力，以及鏟雪的艱辛過程。

上鄉中學的校舍非常乾淨，還保留當年的各種照片、獎狀與書籍，透過各種藝術裝置傳達過往的記憶。廢校後，校舍已重新修整成表演藝術與住宿空間，還有一間改裝成劇場餐廳，稱為「上鄉歌劇院」。雖名為歌劇院，但不是想像中高級優雅的場所，而是在地媽媽的料理劇場。

上鄉歌劇院的黑板上畫著津南町的山川河流，桌上放著各種在地物產。窗簾拉上，空間幽暗而安靜。一位婆婆綁著白色頭巾，身穿圍裙，捧著一個蠟燭走進來，邊走邊吟誦津南町的民謠。接著開始播放投影片，例如各種雪花、上鄉中學的老照片，讓我們了解這裡的生活風貌。

婆婆提及，冬天大雪會堆積在窗邊，甚至完全將房子掩埋。光線照不進來，屋裡整天開著燈，因此常分不清白晝或黑夜。直到雪停了，為了鏟雪，打開窗戶，才知道是白天。歌劇院拉上窗簾，就是為了讓我們感受當時氛圍。最後，婆婆拉開窗簾，陽光透了進來，室內綻放光明，一道道風土料理也跟著上場。我低頭發現桌上的餐墊，就是一頁一頁的《北越雪譜》，讓人驚喜。

首先是醃漬的涼拌小菜，這是當地居民冬天的配菜，往往夏天就儲備了。接著是玉米，婆婆們邊上菜邊說，這是附近農家清晨五點就採收的。再來是夕顏湯，也就是以醃瓠瓜做成的湯品，滋味很清爽。還有一道讓我印象深刻的料理，這是此地著名的「妻有豚」，肉片以丁香、鹽汆燙、蒸熟之後，切成薄片，灑上一點點鹽，口感非常鮮甜，我一連吃了好幾片。最後一道是以津南米做成的飯糰，只灑上一點點鹽，就引出米飯的原味。

每一道都是在地食材，婆婆們訴說著在地故事，讓看似平凡的食材，擁有無比的魔力。用餐時間大約一小時，結束前，婆婆說這裡冬天生活很辛苦，希望我們能再去看他們，這句話讓我想起台灣偏鄉的長輩也曾對我說，希望常回去看他們，不禁當場流下眼淚。

那次旅程，我印象最深刻的就是上鄉歌劇院，因為跟居民深入互動，從一個有歷史背景的空間，藉由在地食材與人情故事，認識當地的風土特色。

回到這堂課的主題，如何為鄉鎮小村設計難忘的風土餐桌。一個小地方，只要找到一個有溫度的空間，針對當地特色，設計出一套風土料理，讓地方媽媽現身說法，再利用簡單的道具，例如照片、窗簾、蠟燭、黑板上的山川河流圖像，就能讓旅人印象深刻。當時我跟團員要了好幾張《北越雪譜》的餐墊作紀念，每一張都是故事，都是記憶。

上鄉歌劇院的案例，是運用有情境的老空間，透過食材、道具與故事產生的情節，呈現風土料理的特色，激發旅人的情感，讓一個平凡的小地方，創造出自己的風土經濟。

美濃滿年福祭典的風土餐桌

如果沒有老空間，或是資源有限，也能利用「時間」創造「期間限定」的風土餐桌。例如重視傳統的美濃人，通常在農曆十一月下旬到十二月二十五日間會舉辦拜謝伯公（閩南人稱土地公）的「滿年福」祭典，答謝伯公這一年的照顧。儀式結束後，廟方會準備消夜，包括熱騰騰的鹹粥，以及祭拜後的熱炒豬羊內臟等，隔天中午還有客家辦桌「登席」，是以家為單位登記桌次的大型聚餐。

美濃的登席都在中午舉行，而且在地朋友提醒，登席都是十二點準時開始，節奏很快，菜一道一道上，四十分鐘內菜就出完了，現場馬上發放塑膠袋打包，因為鄉親隨即就要下田忙農事，沒有多餘時間。跟其他地方辦桌動輒兩個小時以上很不同。

登席傳統對旅人既新鮮又具吸引力，如果不是適逢滿年福，很難有機會體驗。我決定舉辦三天兩夜的美濃滿年福旅行團，在既有的兩天一夜行程，例如鍾媽媽的晚餐、張媽媽家的午茶、採摘野蓮之外，加上參與滿年福祭典，以及隔天中午的登席。祭典之前，我們還先去手作紅龜粿，這是用來祭拜伯公的祭品，也是美濃傳統食物——閩南人的紅龜粿是紅色的，美濃人則是白色，中間再添上一抹紅。將紅龜粿蒸熟，就能直接拿去伯公廟祭拜。

滿年福儀式甚長，鄉親們一一排在祭儀官身後參拜，我們外地旅人則在廟宇四處走逛，我來到廟的後方，正好看到師傅熬煮鹹粥，他將絞肉、辣椒、蒜頭、高麗菜乾與醬油放入大鐵鍋，以雙手用力拌炒，還叫我試試味道，再悉數倒進粥裡，持續攪拌，就變成香氣四溢的鹹粥。祭祀活動遲未結束，我們帶著孩子，癡癡望著那鍋鹹粥，師傅就讓我們先舀來吃。大家邊喊燙，邊說又香又好吃，看著我們這群好吃鬼聚在角落偷吃，師傅也不禁笑了起來。

祭祀活動結束，豬羊內臟立即送來給大廚，他趕忙清洗乾淨，再用大火快炒，我們又來嘗試味道。

最後鹹粥與內臟料理分送到各桌，鄉親們折騰了很久，又累又餓，此刻皆安安靜靜的吃著粥，度過這夜。

隔天的登席是重頭戲。現場擠滿三十桌的鄉親，我們旅人則分坐兩桌。十二點鞭炮響完，準時開席，工作人員火速送上一道道料理，各桌都很有默契地接手過來，還聽到隔壁桌的長輩抱怨上菜太慢，等一下怎麼來得及下田。現場看似喧鬧忙亂，卻亂中有序，鄉親們都很有默契，邊吃邊聊，吃得快，菜打包得更快，四十分鐘一到，紛紛提著打包菜離開。

我又遇到昨晚煮鹹粥的師傅，他也是登席的主廚，他與工作人員正要用餐，他招呼我們過去，把剛從豬臉頰剔下來的肉夾給我們嘗嘗，一邊說這可是最細嫩的部位，也是工作人員的福利。那豬頰肉的滋味，真是比上鄉歌劇院的豬肉更讓我難忘啊。

傳統節慶，往往最能傳達在地歷史背景與風俗民情，美濃滿年福祭典的例子，就是藉由參與特殊節慶，讓旅人親身體驗當地的生活文化，不再只是聽故事，而是直接參與故事，能留下更深刻的感受記憶。

運用時間與空間設計體驗活動

外地人有時會為了特定活動前往一地，但往往因為對當地了解不多，活動結束後就離開。若想延長旅人的體驗時間，就必須盤點與整合地方資源。例如滿年福祭典旅行，就是以此節慶為核心，再將美濃其他特色資源整合進來，串連成有情節的主題旅程，就能延長體驗的時間與深度，進而創造獨有的風土經濟優勢。

又例如二〇一九年的屏東大鵬灣燈會，就是一個難得的節慶活動，湧入大量人潮，也順勢帶動東港等鄰近在地店家的商機，但是屏東其他鄉鎮怎麼辦？如果地方政府沒有擬定整體行銷計劃，洶湧人潮即可能轉眼退去？

仔細思索，大部分觀光客可能都是走馬看花、湊熱鬧，但還是有人專程前往屏東一遊，如果能透過具吸引力的體驗內容留住這些旅人，就能借力使力，創造商機。如果屏東各地的餐飲、民宿、旅行業者，甚至規劃社區旅程的工作者，都能搭上這個熱潮，規劃一個小旅行或風土餐桌，預先在網路、社群媒體公告，讓想參加燈會活動的旅人，可以同時規劃一頓午餐、一段下午行程，進一步體驗屏東的特色文化，就能創造旅人與地方的雙贏價值。

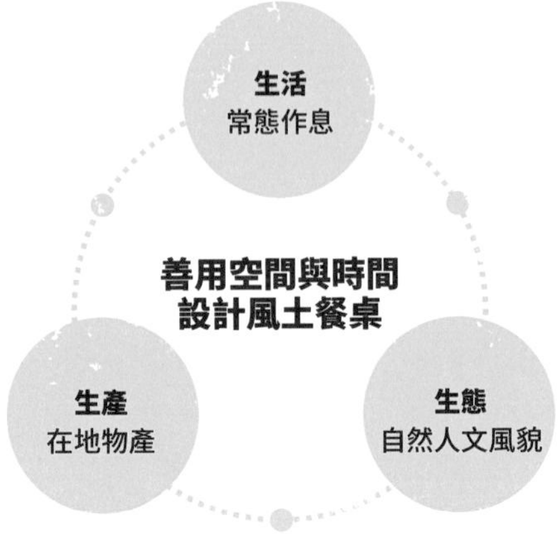

要讓地方餐桌有獨特性，可運用兩個角度，一是空間，一是時間，運用有故事背景的空間，富節慶色彩的活動，就能讓風土餐桌增添意義。請你想一想：

①**空間**：你的家鄉有什麼老空間，例如學校、倉庫等，具備一定文化價值？這個空間過去有什麼擺設、器具甚至傳說逸事？你如何運用這些元素，為風土餐桌增添背景情境？

②**時間**：你的家鄉在各節氣與節日有什麼特殊活動，或傳統慶典、宗教儀式？哪些項目是旅人可以參與的？會出現什麼物產與料理？你如何將這些元素轉變成體驗活動，規劃一場主題特殊的風土餐桌小旅行？

Lesson 14 設計深度體驗的風土旅行（1）

看似面貌模糊、人際網絡疏離的鄉鎮，怎麼找出亮點，凝聚力量？

上一堂課的主題，是思索如何設計自己的風土餐桌，接下來兩堂課的主題，則是擴大範圍，討論如何串連多個特色餐桌、不同體驗內容，帶動一個小地方的風土經濟。我會從風土設計的基礎工程出發，包括旅人的思維、編劇的洞察與導演的實踐，一步步闡述，如何讓一個平凡的小地方，創造出自己的價值。

這堂課先分享由我規劃的新北市雙溪旅行經驗。雙溪位在新北市瑞芳，鄰近九份與金瓜石，是一個容易被忽略的地方，還經常被誤會是以鐵路與天燈聞名、吸引許多觀光客的平溪。相對於九份、平溪的熱鬧繁盛，雙溪顯得平凡，卻是一個適合居住的安靜之地。

過去公部門會用低價旅費推動雙溪觀光，一天費用大約不到新台幣五百元。這種廉價行程自然吸引不少遊客，行程通常包括逛老街、參觀中藥行、走訪廟宇，以及騎自行車到休閒農場，歷時約三小時。據當地人說，一旦官方單位不推動類似計劃，人潮驟減，雙溪就更安靜了。

面對雙溪的困境，公部門推動文化觀光的相關單位邀請我參與，希望為地方找出亮點，設計吸引人的行程，提振旅遊經濟。

詢問在地人，雙溪有什麼特色？大家說不出個所以然。我亦曾遇到一位住在雙溪的朋友，他組織了一個雙溪外鄉遊子社團，彼此交換家鄉故事。他問我來此的目的，我說是來規劃深度雙溪之旅。他皺起眉頭說，這裡只剩老人跟小孩，且雙溪人彼此互動不多、缺乏共識，很難改變，你會白費工夫。我笑笑，總得試試看。

早市是雙溪最大亮點

相對於周遭的熱鬧，雙溪的安靜即是特色，我得運用旅人的思維，才能從生活日常中找到動人的故事。

早上七點從雙溪火車站走出來，會看到一個出乎意料的景象。短短不到一百公尺的朝陽街，兩旁都是坐在小椅子上的銀髮長輩，地上擺滿自己栽種的山藥、地瓜、青菜、綠竹筍。逐攤問候閒聊，會得到滿滿的熱情。以前為了反核四，這些阿公阿嬤一早賣完菜，賺了車錢，就趕搭遊覽車到台北街頭抗議。

雙溪黑豬很有名，這裡有好幾家豬肉攤，火車站右手邊第一攤是阿蓮姐，攤前常擠滿來自各地的中年婦人；阿娥姐的攤子也有六十年歷史；附近的雞肉攤，假日還推出限定的自家燻製豬頭皮，一個早上可以賣出七、八十張。早市旁邊的俞家早餐店，第二代老板俞秉仁總是滿臉笑容，他做的飯糰，如同他的身材一樣壯碩，因為大飯糰才能讓鄰近的雙溪高中學生吃飽。

早市是雙溪風土經濟的一大亮點。充分展現雙溪的生活、生產與生態特色，只是八點之後人潮就散去了，想認識真正的雙溪得早起。

再往前走，穿過小橋，橋下溪裡不時有人佇立釣魚，這裡是平林溪與牡丹溪交會口，也是雙溪名字的由來。不遠處，有間「斯陋咖啡館」，主人吳素鎂販賣公平貿易咖啡與自製麵包，店裡亦擺了許多藏書。我特地到斯陋咖啡一嘗聞名的黑豬肉漢堡，那是用自製的漢堡麵包，加上雙溪在地香菇、番茄、蔬菜與黑豬肉，滋味紮實豐厚。

雙溪還有什麼潛藏的故事亮點呢？山藥是雙溪知名物產。山藥能否被體驗？當地有山藥達人嗎？我帶著好奇心四處訪查，終於找到一位住在三港里、種植有機山藥的曾大哥，他的山藥常常還沒採收就被訂光了。我上門拜訪，他的母親正在包粽子。天氣炎熱，曾媽媽先招待我們吃仙草，碗中的仙草竟帶墨綠色，仙草不是黑色的嗎？曾媽媽說，他們都是現採現煮，不經過日曬，所以呈現墨綠色。

曾大哥帶我去看仙草種植，也去山藥田採收山藥。山藥原本是長在地下，為了方便採收，將塑膠管平放在土中，山藥就沿著塑膠管長大，採收時，只要放穩重心，就可以順利自塑膠管中抽取出山藥。拔完山藥，看阿嬤熬煮山藥排骨湯，只用一點點鹽，就帶出滋味。且曾大哥的山藥煮後不軟爛，仍維持爽脆口感。

我好奇，曾任火車站站長的曾大哥，為什麼開始種植有機山藥？他說當年父親罹癌，住院治療時沒有食欲，他無意間煮了山藥粥，父親竟胃口大開，連吃好幾碗。為了讓父親維持好體力，他決定種植有機山藥，之後更決定提早退休，成為專職農夫。

曾大哥的山藥、仙草，以及他母親的手藝，都是亮點，曾大哥也很願意接待旅人。

山藥、香菇與森巴舞

曾大哥同時推薦住在泰平里烏山的吳老師，他們是產銷班農友，吳老師退休後，一家五兄弟都回到老家種香菇。我決定上山拜訪吳老師，一方面是好奇偏遠深山還有什麼特產？一路上，還看到「小心山羌」的警告標誌。

位處雙溪南方的泰平，古名「大坪」，這個聚落面積佔雙溪的三分之一，因為都是山林，人口極少。吳老師告訴我，這裡海拔達四百公尺，多雲多雨，寒流來襲時，還會出現薄薄霜雪。因氣候溫差大，這一帶以往就是香菇種植重鎮，曾經興盛一時。昔日雙溪鎮民想吃香菇，還得自己用扁擔扛物產上山跟他們交換，只是產業後來慢慢凋零了。

吳家兄弟返鄉種段木香菇，在香菇園立起一截截的木頭，注入菌種，等到天氣夠濕夠冷，即冒出一朵朵香菇，有些菇體甚至比小孩的臉還大。吳老師熱情招呼我，採香菇、採有機蔬菜，採野菜，交給師母料理出一盤盤香菇盛宴，炒香菇、炸香菇、香菇雞湯，甚至香菇粿、還吆喝附近鄰居一起吃飯。吃飯時，吳老師一邊聊著歸隱山林的生活，幾個兄弟分工合作，讓一度荒廢的老家，又恢復往日的笑語不斷。

這個小小山頭，有著飽滿的故事，他們聽到我希望帶旅人前來體驗，非常開心，只是不知要如何招待大家。

雙溪還有一個亮點，就是柑腳村的婆婆們組成的森巴舞團，有時還赴外地表演。雖然森巴舞跟雙溪無歷史淵源，但我還是好奇地專程拜訪。

雙溪在清代與貢寮同屬三貂堡，因為地處東北季風迎風面，不靠海，多雲霧，雨水充沛，適合茶樹生長，原本的梯田漸次改為茶圃，名為「貂山茶」。當時茶葉交易主要集中在柑腳，柑腳是清代交通要道，茶葉經過交易之後，茶工再將粗茶挑往基隆暖暖與台北大稻埕等地。

柑腳村也曾是重要煤礦區，聚集從四面八方來的採礦工人，居住人口曾經高達三千多人，當時柑林國小學生上千人，上課還得分上下午班。但是煤礦坑關閉之後，人去樓空，且因為經常發生礦災，或是長年挖礦的職業傷害，許多礦工英年早逝，留下孤兒寡母，柑腳村又被稱為「寡婦村」。

我遇到兩個八十歲的阿嬷，她們也是森巴舞團團員，當初因為女兒希望活化社區，發現老人跳森巴舞也許能帶來知名度，好不容易說服長輩穿著短薄的衣服跳舞，果然引起話題。但是一旦公部門不再補貼支持，舞團也無法繼續。一度熱鬧的社區，又沉寂下來。

阿嬤們帶我去廢棄的礦坑走走，一路上指指點點，談起早年艱苦的礦工生活，懷孕挺著大肚子也得推礦車，沒有工作就無法餵養一家人。因為辛勞慣了，年紀大了也閒不住，石婆婆有空會採茶、爬樹修剪枝葉，楊婆婆甚至還去工地幫兒子挑磚塊。

阿嬤們招待我吃午餐，給了我不少靈感。楊婆婆拿出自製的醃苦瓜、醬瓜，石婆婆也指導女兒，料理黑豬肉配醃瓠瓜、野薑花煎蛋，甚至還有雙溪在地的辦桌菜腸中腸（小腸環環相套，連套二十層，再切成段）與蛋腸（小腸塞入蛋液，煮過變成一條條胖嘟嘟的）。楊婆婆又拿出一瓶高粱酒，我先是一驚，才知道原來是她自釀的補酒，號稱可以養身顧筋骨。我們連乾好幾杯，打趣說她們是台灣最老的酒促小姐，兩位長輩笑得花枝亂顫，很是可愛。我問她們喜歡吃什麼甜點？阿嬤們回答「酥餃」，那是用油皮與酥皮捍成餃皮，包入紅豆或綠豆，下鍋油炸到金黃色即起鍋，是廟會常用來招待客人的點心。

這都是在鎮上餐廳吃不到的菜色，才是充滿生活、生產與生態特色的風土餐桌。看著她們率真的笑臉，孤寂的身影，如果經常有人來社區走走聊聊，她們應該會更開心有活力。

建立在地共識與信心

在走訪調查的過程中，我感受到這是個安靜的小桃源，只是雙溪人不喜張揚，以至於被視為沒有自己的獨特聲音。

做為一個風土設計者，透過旅人的思維找到這些散落的故事後，接著即要藉由編劇的洞察，串成有情境、情節與情感的體驗劇本。我決定先辦一場講座，號召相關業者參加，以了解大家的心聲，再說明我的想法與規劃，彼此產生共識，才有可能進行下一步。

會有多少人來聽？我沒有太多信心，沒想到，當天來了三十多人，農人、餐飲業者、民宿業者，公部門人員、導覽解說員，甚至還有大學教授。在地朋友說，第一次遇到這種熱鬧景象。

開講前，一位業者好心提醒，「我們雙溪人，不輕易被說服，更何況你這個外地人，他們未必聽你的。」他的話跟上次提醒我的朋友說的，幾乎一模一樣。我回答，每個地方都是這樣，雙溪並不是例外。我沒有要大家聽我的，而是想聽聽他們的想法，以及是否願意做點不一樣的事。

在講座上，我分享在其他地方規劃旅行的經驗，還有我對雙溪的看法，最後詢問大家，有沒有興趣跟我去高雄甲仙旅行，看看一個更不起眼的小鎮，是如何透過整合串連，帶動地方文化與經濟。結果有十多位業者舉手。

之後，我們真的組團去甲仙旅行兩天，甲仙之旅對雙溪業者的刺激，在於他們察覺，原來自己的生活就是故事，只是需要彼此串連，熱情款待旅人，就能創造雙溪的風土經濟。有位從南投埔里到雙溪開設民宿的業者主動提出，她愛做菜，還會善用埔里與雙溪兩地的食材，很想參與我們的計劃，於是我們與她合作，住宿與晚餐都交由她負責。

有了共識，我開始進行導演的實踐，讓這些在地夥伴在自己的家鄉舞台上，充分展現自信與特色，同時磨練好服務品質與說故事能力。

由於雙溪風土文化多元，我們規劃五條主題路線，推出十梯次的旅行團，包括一日與兩天一夜行程，增加產品的豐富性，也設定不同價位，以符合旅人需求。

以兩天一夜的行程為例，先到曾大哥的山藥田拔山藥、吃綠仙草，喝山藥排骨湯。中午前到柑腳社區，聽阿嬤們分享早年生活點滴，同時享用午餐，下午隨即走訪老礦區。傍晚回到社區之後，再由阿嬤們帶旅人體驗酥餃製作。當晚入住民宿，並在民宿用餐。

隔天一早帶旅人逛車站早市，採購小農物產。接著到泰平吳家兄弟的老家採摘香菇，在老房子院落吃香菇大餐，同時聆聽五兄弟分享家族與創業歷程。下午再到僻靜、釀造酵素的「厚雨農莊」吃下午茶，或到鎮上的斯陋咖啡館度過午后時光。

這個兩天一夜的行程，我們也邀請媒體團先行體驗，一方面擴大曝光率，一方面從實戰中測試、調整行程內容，同時也讓業者累積經驗與自信。因為每個在地素人都一身熱情、滿腹故事，行程活動也跟過去不同，在媒體宣傳上占據甚多版面。

從市場角度回推定位與定價

市場才是最大考驗。以往許多地方旅行都是接受政府補助，以低價促銷，用人次衝業績，最後的結果常就是扭曲市場，無法擴大普及，達到整合效果，往往只是白忙一場。

這趟旅行，我除了跟在地素人合作，更希望建立合理的價格機制，讓每個業者有合理的收益，我協助把關流程跟品質，如此才是雙贏。我們的旅費預算，沒有政府補助，都是成本價格。要堅持如此定價，才能讓旅行社、民間組織有參考依據，不致亂砍價。業者有合理收入，才能提升品質內容，形成良性循環。習慣低價的心態，只會讓台灣陷於走馬看花的廉價品質。

一開始公部門認為我們價位太高，難以吸引觀光客，還曾有區長嘲諷我們不懂旅行，「旅行就是要物美價廉，太貴沒人來。」沒想到我們推出十梯次行程，兩天就報名額滿。地方政府的觀光旅遊單位，同時在其他地點推出由旅行社承辦的平價旅行團，推行一個月，報名還不到五成。

只要有特色內容，找對市場定位，就會有需求。許多移居外地的雙溪人，驚訝許多行程內容都沒聽過；甚至我到雙溪高中分享旅程，幾位在雙溪住了十多年的老師，也幾乎不認識這些人事物，直說這不是他們熟悉的雙溪。

這趟充滿實驗試探性質的旅程，也讓地方動起來。平時在地業者各自埋首工作，彼此並不熟悉，透過這次串連，發現彼此有合作的可能與需求，例如斯陋咖啡館想採用吳老師的段木香菇與蔬菜，民宿業者開始洽談農事體驗行程。而此次活動更帶動雙溪旅遊熱潮，十月、十一月原是冬季多雨的雙溪的旅遊淡季，沒想到單車出租率創下租車中心的最高紀錄，晴天時，甚至一車難求。

我一直記得在地人的提醒，「他們未必聽我的。」如果自己都沒有信心，怎麼活化地方？前提是運用旅人的思維，從生活、生產與生態中找尋隱藏的故事，再運用編劇的洞察，串連出有情境、情節與情感的內容，最後以導演的實踐，整合資源，磨練業者能力，才能創造出有實質效益價值的風土經濟。

課後複習&練習

當鄉鎮村落特色模糊，在地人士各行其是，也沒有整合各方資源的組織，要如何推動地方正向改變呢？請你想一想：

①挖掘亮點，了解地方需求：家鄉有哪些積極樂觀、有具體作為的人？你可以怎麼跟他們溝通，得知他們對家鄉的需求與期待？這些都可能是地方亮點的線索。

②建立共識，串連亮點：你要如何組織串連這些地方夥伴？是否察覺大家欠缺什麼專業能力？你要如何協助提升？舉辦課程、講座、活動，或邀請有影響力的專家分享經驗？

③帶動改變意識，促進交流合作：真正的改變，在於大家開始合作，共同推動計劃，藉此更認識彼此，建立默契共識。你最想做的第一個活動是什麼？你要如何執行？地方夥伴要如何分工？

Lesson 15

設計深度體驗的風土旅行（2）

在地業者各具專業，互有共識，如何補上關鍵的臨門一腳？

上一堂課帶著大家思考，一個小鎮村落，如果業者彼此不熟悉，也沒有組織負責整合，要如何串連資源，達到最終的經濟目標？這堂課則是帶大家從另一個角度討論，當一個小地方的業者已有初步共識，要如何運用風土設計方法論，相互合作，一同創造家鄉的風土經濟。

我同樣分享自己參與的例子。嘉義縣的布袋鎮臨海，原本以鹽業與養殖漁業為生，但是當鹽業因成本過高，逐漸被進口鹽取代之後，布袋鹽田就荒廢了，只剩下養殖漁業，小鎮面臨產業空心化、人口老化等問題。為了提振觀光、吸引人潮，觀光局在附近蓋了一座高跟鞋教堂，一開始吸引大量拍照人潮，但是高跟鞋教堂跟布袋文化脈絡的連結薄弱，也沒有整合觀光產業，旅客往往只是路過，未帶來太多實際經濟利益。

先重新發現自己，才能詮釋創造

相對高跟鞋教堂的高調，有一群中年返鄉的布袋人，正默默地重建家園，意圖恢復往昔光彩。

其中一位是原本擔任媒體記者、返鄉成立「布袋嘴文化協會」並擔任總幹事的蔡炅樵，他承接有近兩百年歷史、已廢棄近十年的洲南鹽場，帶領夥伴重建鹽田、曬鹽、賣鹽，舉辦導覽體驗活動，努力活化鹽田產業。

他返鄉之後，發現有好幾位中年人陸續返鄉承接家業，雖然彼此產業不同，但希望能互相合作，復興布袋的經濟與文化。這條轉型路走得頗艱辛，他們曾嘗試舉辦在地旅行，發現客人只是走馬看花，回流率不高，也無法提高旅行價格。即使跟外界知名公司合作，在鄉里舉辦風土餐桌活動，焦點還是落在這些外來組織身上，旅客大都是因為這些組織的訴求而來，布袋只是用餐的背景情境，布袋人只負責出勞力、提供場地與食材，無法跟客人建立深度關係，更無法激起旅人的情感。「在地風土」變成行銷口號，布袋依然是配角。

在地人應學習方法，成為自己家鄉風土經濟的主角，有自己的故事、品牌與自主營運的能力。蔡炅樵主動來找我，希望我協助他們建立系統化的活動模式，對內整合資源，規劃體驗行程，培養專業帶路人；對外建立品牌形像，帶動風土商機。他們目標明確，而且有共識基礎，只是欠缺實踐方法。「先重新發現自己，才能重新詮釋創造。」這是蔡炅樵的期許。

只要地方組織有心，又能接受新觀念，我當然義不容辭。我預計以三個月的時間，協助布袋業者有步驟的運用風土設計方法論，有效提升團隊專業能力。

相互說故事，創造團隊共識

第一步先建立旅人的思維。引導業者練習轉換視角，重新找尋家鄉特色，並整理自身事業優勢。

以往業者之間有些交流，但不一定熟悉彼此的專業，先透過第一次的工作坊，讓鹽田經營者、虱目魚與白蝦養殖者、稻農、果農、蚵農、廚師與民宿業者，以及返鄉青年，了解彼此的背景與專業，進而建立團隊共識。

例如從大陸廣西嫁來東石、從事蚵田養殖的長花，她在大陸從沒看過海，也不會游泳，從沒想過自己有一天會每日與海為伍。她的公婆較傳統，只把蚵賣給大盤商，即使行情不好，也只能接受大盤商提出的條件。長花夫妻開始思考如何分散風險，她想要轉型，希望藉由這次課程找到方向。

第二次課程練習田野調查。當一個好奇的人類學家，要學習深度訪談與察言觀色，才能摸索出隱藏的故事，最後必須整理訪談重點，並找出亮點。

第三次課程，我們親身拜訪產地，觀察細節、挖掘故事，最後再回到課堂上，討論重點特色。例如我們到從事生態養殖的虱目魚場，魚場主人邱經堯帶我們走進已排乾水的魚塭，他堅持不用藥消毒，以避免破壞環境，就利用日曬消毒魚塭泥土。我們抓起泥塊嗅聞，若還有酸敗味表示仍需要持續日曬，若帶著泥土清香就表示消毒完成。這個嗅聞土塊的小細節，也可以成為體驗的一部分。

第四次課程重點，每名業者要設計自己的風土餐桌，現場示範一道拿手菜，說說食材特色與內涵，團隊互相回饋，提升品質。例如蔡炅樵燉煮一道豬肉料理，先將豬肉切成薄片，再灑上親手製造的海鹽，誘發肉片的甘甜。養殖白蝦的怡君提議，可以讓風味更多元豐富，她將剁碎的薄荷葉拌入海鹽，豬肉的香氣明顯更有層次。邱經堯則示範了看似簡單，其實集鮮味大成的虱目魚肚湯。他先將魚塭混養的烏魚、草魚、龍膽石斑以及蛤蜊，加上蔥段，放入大鍋熬煮三、四小時，變成鮮魚高湯；接著將虱目魚肚煎熟，放入魚湯中再加熱慢煮，並用少許海鹽提味。這道虱目魚肚湯雖然佐料簡單，滋味卻更為香甜。

經過四次實作課程的練習，大家從旅人的思維進入了編劇洞察的階段，開始嘗試規劃行程，並由在地年輕人擔任帶路人。

第五次課程，是導演的實戰練習。他們邀請幾位飲食專家、餐飲業者來布袋實地體驗兩天一夜，我從旁觀察他們的旅程規劃與導覽解說，建議哪裡應調整，哪裡可以做得更好。

第六次，針對實戰體驗成果進行檢討，並請他們重新規劃調整，我計劃對外召募付費的旅行團，讓布袋團隊有機會直接面對市場。他們從流程、菜單、住宿到報價，每個項目細節都須正式提案，我站在主辦者的立場，逐一提出疑問，請他們說明與修正。

第七次課程即是驗收成果。我帶了二十多人的旅行團，那是一個風土餐桌寫作課的工作坊，除了地方旅行、實境體驗，還有練習報導採訪的寫作課。最後的作業就是在臉書、部落格貼出遊記或人物報導，如此不僅可以宣傳布袋旅行，也能呈現在地業者的努力。

這次行程，布袋團隊同時要負責帶路人的工作。他們實地操作帶路人的三個能力，包括脈絡力、引導力與控場力，即到每個體驗點之前的脈絡說明，現場引導業者與旅人互動交流，以及遇到突發狀況時立即因應調整。

實地操作帶路人的專業

先說明帶路人的脈絡力。我們第一站先去海邊潮間帶拜訪長花，請她導覽蚵田的養殖方式。抵達前，我在車上分享長花的故事，為什麼會經營蚵田，以及想轉型的原因。接著引導大家觀看車窗外的蚵田，大致說明養殖方式分垂吊式與浮棚式兩種。垂吊式是將長串的蚵仔用木架垂掛到海裡，蚵仔隨著漲退潮，有時曬到陽光、有時沉浸在海中吃微生物；浮棚式則是讓蚵仔完全沉浸在海中。這兩種養殖型態的詳細差異，我先賣個關子，請大家現場聽長花的解說。

下車後，必須展現引導力。我先介紹長花，請害羞的長花跟大家打招呼，我用問答方式請長花解說，並現場示範蚵田工作。等長花進入狀況，我就退到一旁，讓她與旅人直接互動，並提醒在地年輕團隊注意旅人的需求。旅人在烈日下翻石頭、挖石蚵，再用清水沖洗，直接品嘗新鮮原味。

最後是必備的控場力。體驗活動接近尾聲，我跟布袋團隊提醒長花先回家準備午餐，確切掌控旅人即將抵達的時間，以及現場預備情況。如果長花準備不及，就臨時增加其他景點，延遲抵達她家用餐的時間。

挖石蚵活動結束後，在遊覽車上，我請大家分享挖蚵的感受，還複述垂吊式與浮棚式兩種養殖方式的差異，加深知性印象。並預告長花家的行程內容，包括化身蚵農，挖蚵、烤蚵，以及品嘗新鮮蚵仔的滋味。

抵達長花家後，大家跟著她學習挖蚵，並閒話家常，現場笑語不斷。長花為了讓旅人吃到不軟不爛的蚵仔麵線，還要一邊掌握下麵線的時機。大家飽餐一頓後，她又捧出一大盆澆淋芒果、火龍果與洛神花果醬的冰品。當大家看到如小山般的冰，都發出哇哇哇的讚嘆聲。

下午我們回到鹽場，打著赤腳，踩在炙熱的土地上，邊走邊跳邊喊燙，而這就是鹽工的日常。大家走入溫熱的鹽田，腳下是軟爛的泥巴，以及高濃度的鹽水。我們一邊體驗撈鹽工作，一邊聽業者解說，冬天曬霜鹽、春天生產鹽花，以及梅雨季節之後的藻鹽等鹽類。最後更喝著加了鹽巴的啤酒，吃起灑上鹽花的白米飯，面迎帶有鹽味的海風，真切體驗布袋當地的生活、生產與生態內容。

隔天早上，我們來到邱經堯的虱目魚場。他帶我們嗅聞、辨識魚塭的泥土，我們看他撈捕蝦子、自製魚飼料。用餐時，邱太太現場示範如何煎虱目魚，我們還品嘗加入各種食材的海鮮粥，實地認識這位生態養殖達人執著不懈的故事。

這趟旅程，是布袋在地業者整合練習三個月後的成果。在熟悉的工作情境下，每個人都能驕傲的訴說自己的故事，展現自己的專業，鋪陳有趣的情節，既滿足了旅人的好奇心，又能觸動情感。

這次的練習，給長花更多信心，她說：「最終的希望，是結合社區的力量，讓整個社區都好。但是，如果自己沒有做出成果，就想說服其他人轉型，只會被潑冷水。」也許收穫最多的是幾位團隊年輕人。他們學習如何從無到有，嘗試溝通整合，練習現場帶路，一步步提升自己的能力。一位帶路小天使律慈從旁觀察：「學習洪老師怎麼帶路，如何引導跟串連，既要懂旅人想知道什麼，懂讓對的人補充發言，懂跟團隊窗口建立足夠默契，懂無時無刻讓旅人感覺良好，還要能夠自圓其說，這些都需要經驗跟溝通。」

風土設計方法論是硬底子的基礎工程。我們需要一步一步穩紮穩打，了解業者之間的特色，互相學習，找尋合作連結之處，才能創造團隊的特色。

課後複習&練習

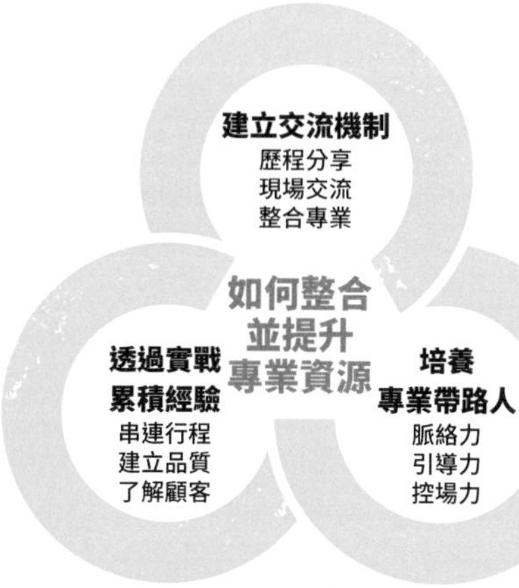

當地方組織已經有一群跨產業、跨專業的夥伴，接下來即是建立合作模式，維持良好運作，進而達到穩定獲利。當你參與、領導的地方組織，想改變現狀，該如何做呢？

①**建立交流機制：**可以先辦交流會，傾聽各自返鄉創業或承接家業的歷程；接著可以實地拜訪，現場觀摩與交流。請你想想，彼此專業可以互補嗎？未來如何分工？要如何建立工作模式？

②**透過實戰累積經驗：**可以透過與外界的交流，累積實戰經驗。請你想想，可以邀請哪些地方組織或社區來當踩線團？如何針對這些團體規劃行程、優化品質？結束後是否獲知回饋意見並藉以檢討改進？

③**培養專業帶路人：**你的組織裡，必須培養專業帶路人，你心中是否已有兩、三位適合的人選？你要如何有系統的培養他的脈絡力、引導力與控場力？

第四部

風土如何創新

——通往過去，就能創造未來

Lesson 16

芋頭四兄弟，風土設計品牌學

品牌的包裝設計只是第一步，也是最簡單的一步，那接下來呢？

台灣各縣市都有著名伴手禮，然而小鎮農村的伴手物產，不是品牌知名度有限，就是同類型商家林立，彼此差異不大，造成過度競爭、售價也無法提高。品牌差異性不高，景氣好的時候，雨露均霑；一旦景氣下滑，遊客有限，又無法向外拓展，就會困在淺灘，更難與其他品牌競爭。然而當第二代、第三代開始接班之後，該如何主動出擊，運用風土設計，創造自己的優勢？

我舉兩個來自高雄甲仙的例子，說明地方品牌如何運用風土設計，帶動創新能量。

第9與第10課提到甲仙的故事，甲仙最有名的特產是芋頭，最熱門的伴手禮是芋頭酥、芋頭條。甲仙芋頭酥雖受歡迎，但知名度始終比不上台中大甲芋頭酥，由於大甲有鎮瀾宮，遊客多，不少芋頭酥品牌都有自己的通路，因此擁有高品牌知名度。甲仙業者則集中在甲仙商圈，曾經高達三十多家，業者習慣做過路生意，沒有外地通路，甲仙芋頭酥售價甚至不到大甲一半。只要生意過得去，店家還能維持。沒想到二〇〇九年的八八風災重創甲仙，這個通往南橫的交通樞紐，因為南橫無法通車，導致觀光客不再經過，生意一落千丈。甲仙芋頭酥商家也只剩十多家，產業陷入愁雲慘霧。

同時改造包裝設計與產品內容

其中「小奇芋冰城」第三代接班人劉士賢，積極思考如何從絕境中找到改變的機會。早年，他在瑞士念旅館管理，也在飯店工作過，返鄉接班後，大刀闊斧進行改革，貸款數千萬，重新整建店面，還增設停車場。遭遇風災襲擊，南橫通車又遙遙無期，劉士賢扛著沉重貸款壓力，決定積極走出去。他想突破現狀，關鍵就是跨出地域限制，他對內投資提升製作品質，對外建立品牌知名度。他先改變製作流程，捨棄以往機械化大量生產，芋頭酥改成手工製作，產量由每天一千顆降為六百五十顆。同時更新製作芋頭條的設備。

他也到百貨公司爭取臨時櫃，或是到市集擺攤，希望能建立知名度，同時實地了解顧客需求。

有了好產品，還需要好的視覺設計的加持。他上網搜尋，發現自己喜愛的幾個在地特產品牌，幾乎都是同一家位在台中的設計公司操刀，於是決定跟對方合作。沒想到設計費比預算多一倍，但既然要重新出發，也忍痛接受。設計公司將品牌命名為「奇芋大地」，重新定位產品、包裝設計。「聽完簡報，我真的目瞪口呆，跳脫原來的思維，」他說，「我興奮到全身發抖，身體告訴我一定會成功，這就對了。」

有了好產品、好包裝，設計公司問他想不想打進誠品的通路？劉士賢當然願意，設計公司只給他一個email聯繫窗口，他興奮的趕緊寫信聯繫，細述自己的心路歷程、產品改造與特色，以及希望帶給地方同業信心、靠自己力量站起來的期許。當天就收到回覆，隔兩天他帶著產品到台北洽談，對方很滿意口味跟包裝，但是奇芋大地的售價太低，跟櫃架上的同類產品價格落差太大，很難用這個定價銷售。

從甲仙小鎮躍上世界盃

劉士賢這才發現定價也是一門學問，過去甲仙業者都是用在地售價思考，他想要走出甲仙，拓展市場，決定調整價格。

新包裝、新通路與新價格，改變了劉士賢的命運。上了誠品通路，奇芋大地的產品立刻受到歡迎，銷售量名列前茅，其中不少是香港客人，誠品到香港拓點時，也邀請他們設櫃。

後來他還報名德國「紅點設計獎」，以產品「奇芋氣象台」參賽——那是以不同口味呼應晴天（焦糖）、雨天（哇沙米）、打雷（麻辣）與月夜（咖哩）的芋頭條組合。在六千件參賽作品中，「奇芋氣象台」最後脫穎而出，得到「best of the best」大獎。現在他不只增聘員工，還持續投入資本，重新裝潢店面。接著更貸款兩千萬，設立中央工廠，全面提升產能與品質。

我歸納劉士賢如何運用風土設計，成功讓在地品牌創造奇蹟。

首先是旅人的思維，他從消費者角度思考自己的產品。他走出甲仙，透過百貨公司臨時櫃，增加跟客人溝通交流的機會，了解顧客需求。第二是編劇的洞察。他決定投資包裝設計、重新定位品牌，運用外部力量，跳脫既有的思維框架，讓品牌耳目一新，同時調整口味與品項。第三是導演的實踐。劉士賢親力親為，與通路溝通，調整定價，以及報名設計大獎，大幅調整體質。最後他決定設立中央工廠，擴大規模，讓品牌有更穩定的基礎，才能進一步幫助在地芋頭農業的發展。

很多業者以為，只要花錢找設計公司更改包裝，就大功告成了。其實，包裝設計只是第一步，也是最簡單的一步，如果沒有實質內涵，包裝只是表面功夫。例如從生產、營運到行銷，每個環節都必須重新思考，徹底調整體質，才能改變現狀。

設計就是賦予事物意義，劉士賢透過設計力驅動創新，就是一個創新意義的過程。一位曾參與奇芋大地設計案的設計師告訴我，他們只要提出新想法，劉士賢就會多方了解與思考，甚至嘗試調整，不像一般業者只在乎預算，或是把責任都交給設計公司。

在這段挑戰與學習的過程中，讓劉士賢對品牌的想法越來越完整，他也是一位從地方品牌出發的風土設計師。

業者參與投資，才能用心經營品牌

第二個風土設計品牌學的故事，是我規劃主導的甲仙芋頭酥新品牌。因為參與甲仙旅行的規劃、地方組織的輔導，我認識許多芋頭業者，也多少了解芋頭酥的製作過程。市面上不少芋頭餅會添加香精、色素，增添香氣與色澤。而其實，富含澱粉的芋頭，本身偏白色，若不摻入紫色色素，內餡其實會呈淡棕色。同時，芋頭餡遇熱會鼓脹爆漿，影響外觀，保存期限也只有五天，使得許多業者摻了豆沙甚至冬瓜，不僅讓口感鬆軟，且不致膨脹過多，甜度增加還能延長保存期限，成本也降低不少。吃慣摻入豆沙餡的芋頭酥，我們甚至快忘了芋頭酥原有的風味。

甲仙純芋頭餡比摻豆沙餡的成本高，售價卻不到外地品牌的一半，加上這堂課一開始提到的，甲仙業者還遇到八八風災的衝擊，內外夾擊，在地品牌該如何創造自身價值呢？

當時的高雄市觀光局主任祕書陳瓊華很支持我規劃的甲仙小旅行，還實際付費報名參加，她一直思考該如何幫甲仙業者突圍。她提及，觀光局前一年以經費支持推銷高雄綠豆椪，透過包裝設計，打造高雄在地品牌，希望這次能協助打造甲仙芋頭酥的品牌，還可以成為致送外賓的伴手禮。其實政府部門一直投入大量經費與人力，協助地方業者改善包裝設計，但是很難達到實質效益。問題是什麼？關鍵就是只做表面的包裝設計，實質內涵沒有提升，品牌依然站不起來。

政府經費有個限制，不能圖利單一廠商，一般都是提供一筆製造包裝盒的費用，例如六百盒，業者只是被動接受輔導，參與度很低。等到經費用完，案子就結束，地方品牌再造的機會也隨之結束。隔幾年，政府再提新計劃，撥新經費，業者再被動承接，繼續原地踏步。

我思考著，甲仙這個品牌要如何兼具創新跟在地精神，又有社會意義，同時不會浪費公帑？由於有預算與時間等重重限制，挑戰非常大。

我先轉換成旅人的思維，透過觀察與訪談，了解十多家業者現狀，以及甲仙芋頭酥跟中部大品牌芋頭酥製作內容與定價的差異。再來是要找哪些業者參與？推出哪些產品，如何創造新品牌，怎麼改變定位與定價，成為消費者想要入手的伴手禮？這就是編劇需要考量的環節。

有了主題與腳本，還需要演出的主角。我想起小奇芋冰城的劉士賢，也邀請「統帥芋冰城」、「三冠王芋冰城」，以及「第一家芋冰城」參與。他們都是第二代接班人，各有想法與特色，該如何讓他們聯手合作呢？

我腦海中突然想起日本北海道有個品牌「薯條三兄弟」，芋頭酥也可以有兄弟啊，我隨即想到品牌名稱，叫做「芋頭四兄弟」。這個新品牌也不需另外開發產品，就是將這四家業者的招牌產品，組合成綜合口味的芋頭酥；這也呼應電影《拔一條河》的協力合作精神，而這個計劃將提撥部分盈餘給甲仙國小拔河隊，並支持有機芋頭種植，既可回饋地方，亦不會有圖利特定廠商的問題。

我立刻找他們開會，並強調要讓業者真正投入，而不是被動參與，唯一的方式是他們要出錢投資，才會關心品牌經營。因為政府只提供六百盒的預算，如果要長期經營，業者需要攤提五千盒的費用，也能藉以壓低印製費單位成本。劉士賢已有透過設計創造品牌價值的經驗，他知道這個計劃的意義，馬上同意，其他三位在我們的遊說下，也接受提議。

取得共識之後，我找曾獲「亞洲最具影響力設計大獎」、「品墨良行」負責人王慶富負責視覺設計，他是高雄人，也願意參與這個有意義的計劃。

有了旅人的思維、編劇的洞察，最後就是導演的實踐，才能讓理想真正落實。

甲仙芋頭酥，絕不豆沙

團隊有清楚的分工，我負責策略、定位、文案、行銷與定價；王慶富負責設計與印刷；四兄弟負責產品；商圈專案人員負責接單出貨，共同行銷甲仙不加豆沙餡的純芋頭酥。

在溝通過程中，在地業者有時還不了解設計價值，以及定位與定價的意義。例如過去一顆芋頭酥不到二十元，重新包裝設計後，成本增加，定價也提高，我們設定每盒八顆、四種口味，定價三二九元。但業者認為，過去包裝盒成本一個不到三十元，現在要七十多元（主要是印製成本，設計費由政府負擔），很難接受。經過溝通，我讓他們了解，定價已經改變，設計包裝成本才因應增加，如果用尋常包裝盒，很難跟在地產品區隔，更不易吸引消費者注意。

對品牌概念的認知，往往是在地業者最大的問題。人人想改變，卻沒有從消費者角度思考，只能原地打轉，很難踏出原本的框架。

產品正式上市之後，以四個人拔河為主視覺的設計獲得不少肯定。《Shopping Design》

曾形容是最有故事的心意和伴手禮，《GQ》總編輯也在臉書上說，第一次看到台灣在地品牌具有豐富的視覺設計價值。「芋頭四兄弟」除了被高雄指定為外賓的年度伴手禮，我也設定是年節贈禮，一次最低訂購量是十盒，因此成為消費者大量採購的年節禮盒。

這堂課提到風土設計品牌的兩個案例，一個是地方業者如何透過設計，重新打造自己的品牌，走出家鄉地域限制，跟外界通路合作，開拓更大的可能。另一個是如何有效運用資源，政府補助部分經費，業者也出資參與，將有限資源的效益發揮到極致，再透過設計創新品牌價值。

這個過程在於重新賦予既有產品、品牌全新的意義，例如奇芋大地讓自身在地品牌擁有國際設計大獎的肯定，芋頭四兄弟則是呼應甲仙拔河隊協力合作並獲得重生的意義，如此即能聚湧更豐沛、更有力的能量。

這個過程也是嘗試整合地方伴手禮業者，有效運用政府資源，透過設計、行銷與品牌定位的力量，共同推動地方品牌，無論成功與否，都是值得參考的經驗。

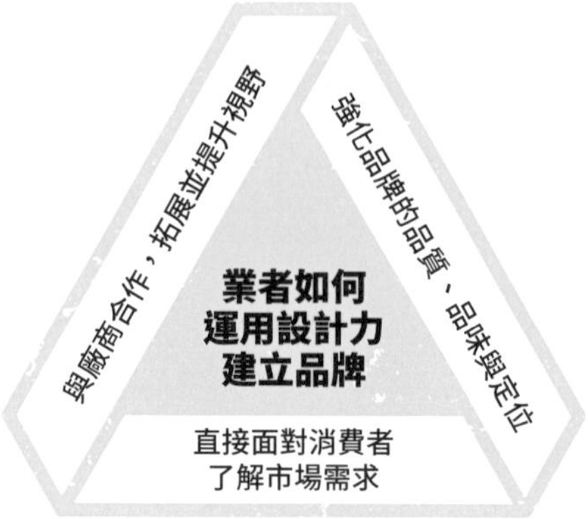

〈練習一〉

資源有限的地方業者，要如何建立自己的品牌力呢？包裝設計只是一部分，業者本身的想法才是核心。請你想一想：

①**直接面對消費者，了解市場需求：**要培養對市場的敏感度，業者必須站在前線，更要直接跟消費者面對面溝通。除了原來店面，你有設立市集攤位或百貨臨時櫃嗎？你如何介紹產品？消費者都問什麼問題？你能否歸納並分析顧客的消費行為？

②**與廠商合作，拓展並提升視野：**設計公司、銷售通路各有不同視角，能刺激你的想法，以準確掌握市場。與設計公司、銷售通路合作時，你會如何闡述自己的品牌，激發設計師的靈感，增進通路採購的下單意願？

③**強化品牌的品質、品味與定位：**除了精美包裝，品牌內在的靈魂更重要。你怎麼定位自己的品牌？設定的消費者是哪些族群？你知道這些族群的喜好與品味嗎？會依此調整產品並加強品質管理嗎？需要進行員工教育訓練嗎？

課後複習&練習

〈練習二〉

如果你與其他地方業者想要成立共同品牌，或是運用政府資源做好包裝設計，該如何進行，才能達到最大效益？請你想一想：

①了解彼此，建立共識：從產品內容、經營模式到顧客族群，你跟同業之間有什麼差異？該如何截長補短？是否對目標已達成共識？如果尚未找到志同道合的夥伴，你心目中有人選嗎？

②出錢出力，一同參與：與其被動等待政府補助，不如主動籌措並投入經費。如果業者也能出資，會更積極參與計劃。你們有跟設計公司合作過嗎？是否預先準備了屬意的設計範例？你們如何自我介紹，幫助設計師準確掌握計劃的核心精神？

③重新定位，提升定價，重視行銷：尋求外部顧問與設計師協助，重點不只是有形的設計，而是藉此更了解品牌定位、市場定價，提升經營態度。你是否了解家鄉與事業的優缺點，並找到改變方法？想找哪些專家刺激想法、突破現況？

Lesson 17

活化既有，創造真實體驗——拿山刀的風土設計師

深山田野看似資源匱乏，卻可能擁有最豐富且獨特的風土經濟條件？

這堂課的主題「活化既有，創造真實體驗」，將帶著大家討論，看似沒有特色的家鄉，要如何活化既有，無中生有？消費者真的需要美輪美奐的硬體建設嗎？他們內心到底想要什麼？

風土經濟學強調，在這個人人運用網路科技的「快經濟」時代下，小鎮農村要突顯「慢經濟」的魅力，透過體驗經濟創造自己的地方價值。當世界一直推陳出新，不斷興建大硬體、大建設，在過度包裝、眼花撩亂的訊息中，人們越來越渴望擁有真實感，這種需求可以說是一種鄉愁，而這種真實感，是對生活、生產與生態的親身體驗，也是小鎮農村

獨有的風土資源。

當我們一直往外看，羨慕大城市的華麗建設，認為家鄉什麼都比不上時，不如向內看，我們的家鄉到底有什麼？保留並活化既有資源，才能將這些隱藏亮點重新打磨擦亮，無中生有，創造真實體驗，才能吸引外地人前來拜訪。

重新打磨隱藏的亮點

我先談一個真實體驗。第6課提到我在台東規劃的打工換宿計劃，其中有一個工作場域，是在台東延平鄉布農族部落的「鸞山森林博物館」，他們曾提出工作需求，請年輕人協助整建屋舍。

我需要實地了解他們的需求，便和朋友開車上山。鸞山森林博物館沒有指示牌，一路蜿蜒，路越來越小，越來越陡，有時會出現讓人迷惘的岔路，最後只剩狹隘的石子路，經過兩棵大樹後，豁然開朗，路就出現了。不遠處有個戴迷彩帽的矮壯中年人，對我們打招呼。他叫阿力曼，是鸞山森林博物館的主人，我稍微抱怨這裡很難找。他只是笑著說，「入口在每個人心中，只要你慢慢找，一定找得到。」

這裡雖然叫森林博物館，卻沒有博物館的雄偉建築與組織規格，其實是個無邊的自然森林。阿力曼帶我們走進森林，那是兩百棵以上、長滿氣根的大片白榕樹，氣根像樹幹那麼粗大，彼此連綿不絕。阿力曼告訴我，這一帶被稱為「會走路的樹」。因為日本統治時期，日本人強迫原住在海拔一六〇〇至二二〇〇公尺部落的長輩移居來此，他們以前只看過高山檜木，乍看到白榕樹的鬚根，以為都長了腳，或是拄著拐杖，像是會行走的樹。

阿力曼要我們全程保持安靜，他也不使用麥克風破壞環境。他突然大吼一聲，嚇我們一跳，原來是模仿山羌的叫聲。走進森林之前，來到以茅草、木頭搭建的亭子，那是布農族的祖靈屋，裡面擺放各種動物的頭骨，我們把事先準備的檳榔放在大石頭上，米酒倒在石上的三個竹杯裡。阿力曼說布農族進森林前，都會先跟山神溝通致敬，米酒與檳榔就是入山打招呼的禮物。他帶領我們跟山神打招呼，希望同意我們進入森林，並祝福旅人健康平安。

離開祖靈屋之後，我們進入森林博物館的核心地帶。眼前是個大陡坡，我們得抓著繩子，穩住重心，一步步向上走，接著鑽入一個巨石縫隙。阿力曼打趣說，如果是大胖子，可能得抹豬油才過得去。再來又是一個向下陡坡，也得抓著繩子一步步移動，以免滾落山下。沿路上，我們時而彎腰，時而爬行，鑽過獵人躲雨的小洞，最後來到一棵兩層樓高的大樹前，樹根盤結在長滿青苔的岩塊上，我們抓著樹根往上攀，一下子就爬上樹幹。站在高處往外看，盡是一望無際的綠叢。我們流著汗、吹著涼風，感覺很暢快。路程還沒結束，還得爬下樹的另一端，走出森林後，又看到先前的祖靈屋，四十分鐘的行程，也只繞了森林一小圈，卻讓人難忘。

這個與世隔絕的山林，曾被土地開發商收購，計劃砍掉森林，蓋靈骨塔。阿力曼為了保衛森林，四處遊說，他向銀行貸款，買下整座森林。雖然一身債務，還面對族人懷疑的眼光，但阿力曼成立的這個沒有圍牆、沒有大門、沒有屋頂、沒有電力的森林博物館，卻反而創造部落生機。

只用繩索，就能體驗不同的森林之美

這裡沒有太多人工斧鑿痕跡，只用簡單繩索，就能讓旅人用身體與汗水認識這座森林。儘管沒有對外行銷宣傳，交通不方便，又要事先預約，卻吸引不少人前往，目前已有六十多個國家、十多萬人次來過這裡。

中午我們一起吃由阿力曼命名、叫做「媽媽感動」的餐。菜色很簡單，都來自部落的菜圃或是深山的野菜，不同食材相互搭配，產生不同的滋味。例如地瓜白米飯，搭配泡麵炒野菜、金針筍炒肉絲、蘋果炒山蘇，鳳梨炒苦瓜以及烤豬肉。飯後甜點是南瓜麻糬，但得自己動手做。我們輪流用大木杵搗糯米，越搗越黏稠，最後木杵與麻糬幾乎相連，冒出熱氣與香味。我們力氣也幾乎都用盡了。阿力曼用繩子將大塊麻糬從木杵上刮下來，再沾上花生粉，又熱又香又Q，自己搗的麻糬特別有味道。

吃完甜點，還有最後的活動，我們要在森林裡一起種下一棵樹。大家唱著布農族傳統的歌曲八部合音，我們邊唱歌邊掘土，合力種樹之後，完成森林博物館的體驗。阿力曼說，森林什麼都沒有，只能送給我們兩億。兩億？原來是記憶與回憶。

我原是為了跟阿力曼討論工作假期，但是這趟體驗，更讓我大開眼界，不需豪華的設施，只要運用天然條件與簡單道具，再加上阿力曼的故事、部落的傳統，就能規劃出一個獨特的體驗行程。

走入夜之森林，讓感受更敏銳

離開森林博物館之後，我又去拜訪另一個布農族民宿，民宿主人邱大哥希望有年輕人來整理庭園，以及幫忙架設網站。

晚上他帶我進入另一個森林，那又是一次難忘的經驗。進入森林前，邱大哥亦依照布農族習俗，先用檳榔與米酒敬山神與祖靈，請求允許我們入山，並祈求一路平安。一路上沒有使用手電筒，但眼睛漸漸熟悉黑暗。我有時刻意閉上眼睛，在黑暗中行走，此時只聽到自己的呼吸，還有行過草地的沙沙聲。邱大哥剝下一些樹皮，讓我們咀嚼，口腔很快充滿清涼，這是所謂布農族的口香糖。一路上又摘了各種野菜。邱大哥突然停下來，告訴我們遠方有飛鼠，仔細瞧瞧，前方樹梢上，果然有一點乍隱乍現的紅光，那是飛鼠躲在樹葉後的凝視。

走到一處斜坡，邱大哥要我們坐下，閉上眼睛享受森林的靜謐。他聊起獵人在山林中的作業細節，如何跟蹤獵物，如何設下抓山豬的陷阱。這個體驗跟白天爬樹完全不同，陌生與黑暗，讓人放大感官，對周遭一草一木、蟲鳴獸叫的感受更敏感。最後我們在某個坡地上，卸下裝備，起火燒柴，煮水、烤地瓜，將剛摘取的野菜丟到鍋裡跟泡麵一起煮，大家在寂靜深林裡享用熱騰騰的消夜。

同樣是森林，白天跟夜晚的體驗完全不同，卻都讓我感動難忘。在大自然的舞台上，有情境、情節與情感，這就是風土經濟學的極致展現。

我因此想起了薰衣草森林，因為我擔任這家休閒企業的顧問，要協助組織創新。我曾跟執行長王村煌談到薰衣草森林發展核心問題，「未來十年，薰衣草森林的核心是薰衣草，還是森林？」因為薰衣草是浪漫、有季節性、異國移植的，但是他們創業的地方，是偏鄉深山裡的森林，品牌是要維持浪漫調性，還是在地扎根，永續發展？重點不同，發展模式就不同。王村煌沉思一會兒，簡潔回答，「森林，我希望未來是人才的森林、品牌的森林，是具有社會影響力的企業。」

薰衣草森林的同事們應該來森林博物館，試著化身為獵人，見識自然的原始本色，體驗白晝與夜晚的差異特色，感受森林的真正意涵。於是我設計了一個教育訓練的體驗行程，帶著年輕主管們體驗為期兩天的森林活動，接著透過工作坊形式，討論企業的未來定位。結束後，同事都難忘爬樹與夜行，那既刺激又安全的感受。

阿力曼提及，曾經有企業主為了讓香港客人擁有難忘回憶，特地從飯店運來桌椅與白桌布，將小米酒加上氣泡礦泉水，做成香檳與調酒，倒在高腳杯裡。他不以為然的說，這裡的石頭與漂流木桌子，不需要白布掩蓋，來這裡就是感受自然環境，不用刻意複製城市經驗來取悅客人。

這也是風土經濟學強調的，旅人要的是感動，不是取悅。體驗行程需要脈絡，只要活化既有資源，讓旅人了解這裡的生活、生產與生態脈絡，就能入境隨俗，創造獨特的經驗，帶來難忘的感動。

課後複習&練習

最強大的風土設計，就是以隨時間、地形而變化的自然環境為展演舞台，再結合人文習俗儀式，就能帶給旅人層次豐富的體驗與回憶。請你想一想：

①**開場儀式，引導旅人期待：**扣連在地風俗特色，你可以設計一個什麼樣的開場儀式，分享什麼樣的故事，引導旅人沉澱心情，走進你的家鄉，開啟體驗旅程？

②**運用自然生態，創造五感體驗：**大地舞台隨著時間、區域而轉變，請問你的家鄉有哪些生態特色？你如何運用當地的自然環境，設計讓旅人感官沉浸其中，同時也能獲得生態知識的活動？

③**結束儀式，創造感動：**活動的結束，要能帶來情感記憶。你會設計什麼樣的儀式，讓旅人追憶這一日或幾日的行程？例如寫下小卡，或交流心得感想，讓這趟旅程在感性中畫下句點，留下意義？

Lesson 18

青年返鄉，風土再設計——風土創業的時代

返鄉創業，如何透過再設計，讓自己成為一個地方的入口與平台？

青年返鄉，或是投身自己喜愛的地方，讓他鄉成為創業的故鄉，是近年正熱的風潮。這堂課要帶著大家討論，青年返鄉振興地方文化與經濟，需要具備的風土設計思維。

第一步先聚焦，從小範圍做起，再一步步挖掘與整合地方資源，慢慢擴大影響力，並善用年輕人對外溝通連結的社群經營能力，才能創造地方、文化與個人事業三贏的風土經濟。

風土經濟學並不追求大眾市場，而是專注分眾市場。大眾市場追求快速、平價與便利，分眾市場則是重視深度的溝通對話，找尋重視獨特性、細膩感受與深度體驗的知音。

體驗經濟不同於服務經濟的「客製化」服務，而是讓顧客體驗不同品牌「個性化」的特色。就像大飯店是標準化與客製化的服務，民宿則是個性化的體驗，當我們把範圍放大，每個地方、每個鄉鎮村落都有獨特的風土個性，旅人遠道而來，就是想感受這種獨特魅力。

許多奢華的飯店、民宿或莊園Villa，雖然名義上訴求風土文化，卻是一種封閉式的虛擬風土，客人在漂亮的空間裡享受服務，不是實境參與，接觸的都是服務人員，無法跟地方人事物對話，沒有跟在地風土產生真正的連結，很難留下深刻記憶。

該如何創造真實的風土體驗呢？需要運用風土設計的能力。一般提到風土設計，常圍繞著建築物本身，例如節能減碳、在地材質。這裡談的風土設計，不只是建物，而是如何運用設計能力，呈現生活、生產與生態的特色，同時創造新的意義，並帶來開放性的串連整合。

佛生山的意外之旅

我分享參加日本瀨戶內海藝術祭時，最難忘的故事。

那趟行程其實是個意外。那天下午預計搭飛機返台，早上最後一個行程，是到位於瀨戶內海藝術祭總部高松市附近的小鎮佛生山，佛生山是溫泉勝地，但我們大老遠跑去，不是為了泡湯，而是因為佛生山有個由岡昇平設計、獲得日本「good design」建築設計獎的湯屋，叫做「佛生山天平湯屋」。我很好奇，這個小地方怎麼會有得到設計大獎的建築？就特別安排搭機前的一小段時間去瞧瞧。

佛生山有許多日本江戶幕府時期興建的寺廟，因此稱為佛生山。一路尋尋覓覓，終於在低矮房舍中看到一座挑高、深棕色的木造房屋，這裡就是天平湯。

一進門，一位穿粉紅色長褲的男子對我們點頭微笑。我們四處參觀，眼前是長形空間，一邊是休息處，桌上整齊的放置著在地物產，另一邊長桌，則擺滿文庫本。

由於還有點時間，我們先去泡湯，泡湯空間不大，反而是休息區挑高寬敞，泡完湯，我們即在休息區吃冰、用餐。許多長輩也或躺或臥，享受安靜舒適的片刻。我翻閱桌上小書，原來是鼓勵大家邊泡湯邊看書，我充滿疑問，為什麼會在佛生山這麼僻靜的地方蓋湯屋？建築物為什麼會得獎？離開前，我順口問櫃檯人員，不知道建築師岡昇平在不在？沒想到櫃檯人員指著那位穿粉紅色長褲的男子，原來他就是岡昇平。真巧，而且岡昇平說自己就是湯屋經營者。

如果小鎮就是一個溫泉旅館

建築師竟然也是經營者。原來當初父親在這裡挖到溫泉，找回在東京從事設計工作的岡昇平操刀設計，他心想既然要蓋湯屋，也希望能經營湯屋，就決定把事務所遷回老家佛生山。

我問他，回鄉經營湯屋，不怕事業受到影響？岡昇平看著我，你真的想知道嗎？我點點頭。他拿出一張手繪地圖，上面畫滿小鎮的商店與寺廟景點，那是提供給旅人的導覽地圖。

他熱情的說，佛生山是一個沒有年輕人留下、停滯老化的地方，他有個夢想，如果這個小鎮就是一個溫泉旅館，外地人來此不只是泡湯，還能走訪、住宿、用餐，就能帶動地方的生機。

「這裡有民宿嗎？」我問。岡昇平說他也設計了一間民宿，要不要去參觀，只有十五分鐘的路程。當時雖然行程緊湊，但我不想錯過這個機會，決定去參觀岡昇平設計的民宿。

我們繞到湯屋後面，映入眼簾的是一大片剛收割的稻田。我們一起走在安靜的小鎮上，岡昇平沿路介紹咖啡館、書店、茶館，走著走著，空氣中隱約浮動著醋香，原來正途經一家百年醋廠。最後抵達民宿，造型幾乎跟湯屋一模一樣。他解釋，佛生山很多寺廟的外觀都是深棕色，他設計的湯屋與民宿，就是採用與寺廟類似的長形空間與棕色調，既呼應在地文化，也不會退流行。

我問岡昇平為什麼想返鄉做這件事情？他說一切都是為了女兒，希望女兒能以家鄉為傲，長大後如果到大都市工作，也不會忘記家鄉。他計劃透過經營湯屋、民宿，慢慢吸引觀光人潮，進而吸引更多年輕人返鄉工作，創造更多特色，活絡佛生山的觀光旅行。而在他的帶動下，果然已有好幾位年輕人返鄉經營書店與餐廳。「雖然很難，但我要用二十年的時間來做這件事。」岡昇平不只經營湯屋，也接佛生山、瀨戶內海周圍甚至東京的設計案，一點一滴地創造家鄉的風土經濟。

一路上，我看到幾個小學生一直跟著我們，邊走邊笑。岡昇平抱起其中一位小女孩，原來是女兒啊。她剛放學，看到跟爸爸跟外地人併肩同行，便好奇的一路跟隨。來接女兒的岡昇平太太也出現了，我就跟他們一家人，一起沿著稻田走回天平湯。

我突然明白，為什麼岡昇平會得獎？他是一位風土設計師，不只設計湯屋與民宿，還重新設計了佛生山小鎮的風土。他不只是一位設計師，還是一位扎根在地的理想實踐者。

這趟意外的旅程，讓我收穫豐富。每一個村落小鎮都需要創新的火種，而這個火種往往都是返鄉青年帶回來的，他們帶回多元的視野與想像，重新看待故鄉的風土，透過整合與串連，軟硬體的結合，可能因此讓自己的老家、自己經營的店面空間，成為旅人認識家鄉的入口。

先做出第一步，才能逐步落實理想，將看似平凡的家鄉轉化成不凡的風土經濟實踐之地。

旅店不只為了住宿，更是一個入口

談完日本的經驗，場景再拉回台灣。

高雄市是台灣第二大城市，最早的起源地是鹽埕。鹽埕在清代是曬鹽的埔地，日本人興建高雄港，以港底泥沙覆蓋在鹽埕，成為海埔新生地，也變身為豐饒的新天地。日本時代、戰後國民政府來台，這裡都是高雄市的政商中心。早年鹽埕雖是高雄最小的城區，卻有最新的百貨商場，最多的戲院酒吧，最古早味的小吃，營業稅收曾占高雄總稅收一半以上。

越戰爆發後，美國第七艦隊會載著美國大兵從高雄港上岸，鹽埕的七賢三路成為著名的酒吧街，同時聚集許多人來此討生活，舶來品生意與各種娛樂行業興盛，鹽埕因此充滿異國風情。

只是鹽埕這個小三角地帶，先天腹地有限，西邊受限於壽山，東邊被愛河包圍，南臨高雄港，無法容納過多的人口。當市政府東移，鹽埕就日益沒落了。然而，鹽埕的船舶五金零件業、服飾業、鐘錶業與餐飲業依然存在，往來多是老客人。

原來從事金融業的邱承漢，老家在鹽埕，他的外婆在鹽埕開設新娘禮服縫製工廠，工廠搬遷之後，原來的五層樓廠房就閒置了。人去樓空，但這裡仍充滿邱承漢的童年回憶，他不希望老房子隨著鹽埕一起蕭頹，決定放棄台北的銀行主管工作，計劃將禮服工廠改建成文化旅店。

他先跟外婆與家族長輩深談，才發現，雖然從小在鹽埕長大，卻不曾真正認識這個地方。這個認知的斷裂，更加深他的企圖心，想為家鄉做更多的事，希望這個旅店不只是外地人的住宿空間，也是認識鹽埕的入口。

從風土設計的角度來看，如果採用一般文青旅店流行的極簡風格，就無法呈現鹽埕的在地特色，對旅人也沒有吸引力，唯有扣連家族與鹽埕的背景脈絡，才能創造獨特的魅力。

在建築上，邱承漢充分展現風土設計的精神。他跟建築師保留大量禮服的元素，例如當年接待客人的櫃台、裝新娘用品的箱子，充滿生活細節的廚房、餐廳和臥室，也都維持原來的格局和擺設，讓旅人來到這裡，彷彿回到外婆家作客。因此，他將旅店取名為「叁捌旅居」，象徵一九三〇年代的外婆，以及一九八〇年代的他的時空對話。改建花了兩年時間，超過原先的預期，這兩年卻是邱承漢深度了解地方的關鍵。這兩年不是空白期，他反而因此填補上鹽埕的生活故事。

部分在地店家好奇，他為什麼要回到已沒落的鹽埕？這棟老房子將改建成什麼模樣？他們甚至懷疑邱承漢的用心，他會搶奪其他店家的生意？還是另有目的？邱承漢一一解答眾人的疑惑，也花很多時間串門子，慢慢深入認識周圍的店家與住民，並建立信任感。

他還發現，鹽埕雖小，卻因為開發得早，老字號職人的密度特別高。像市場的婁叔，家族是從大陸遷居來此，他很會揉白饅頭，還會做山東人過年時用來祭祖的棗山饅頭，婁太太也喜歡做辣椒醬分送親友。還有一位擅長修補絲襪的阿姨，許多老客人至今還會回來請她幫忙補絲襪。其他還有賣蒸籠、布料、火腿、冬瓜茶、烏魚子、滴雞精、罐頭塔等各種生活雜貨的商家，以及磨剪行（磨剪刀、菜刀等各種工具）等老字號，每個職人都有平凡但豐富的故事。

由點而面串連，復甦地方商機

叁捌旅居開業後，這棟充滿家族故事的特色建築，得到了新銳建築獎首獎的肯定。但邱承漢明白，不能讓客人只待在旅店裡，還要讓他們深入走訪鹽埕，才能帶動鹽埕生機。

邱承漢像個蚯蚓，花更多時間翻動社區泥土。第一步是說故事，他發行獨立刊物《什貨生活》，挖掘更多老店家的故事；帶著旅店員工舉辦各種導覽活動，讓讀者與旅人可以實地認識鹽埕的生活、生產與生態。透過刊物與導覽，鹽埕老店家更有信心說自己的故事，也更信任承漢了。

邱承漢的第二步，透過舉辦運動會、主題活動、擺攤，讓外地人跟在地人同樂交流。他還在老市場承租攤位，除了用來辦展覽，還定期舉辦夜間食堂活動，吸引更多旅人來體驗鹽埕的夜晚情調。「這是一種老派的時尚，每個職人都是大明星，擁有珍貴的手藝價值。」他說。

鹽埕愈益復甦。不只老店家更有活力，也吸引許多年輕人來此創業，他們會彼此串連辦活動，讓這個已逐漸沒落的區域再現生機與商機。

我曾經跟邱承漢合作，帶著地方業者到鹽埕進行教育訓練。他根據不同主題，將這些學員分成幾組，包括老味道、老時尚與老手藝，設計很多闖關問題，讓學員整個下午四處穿梭，透過觀察與訪談，認識鹽埕的人、事、物。我們就在一家小吃店吃午餐，他請了幾位在地媽媽來掌廚，同時端出數道知名小吃，讓我們一次吃到鹽埕滿滿的美食與故事。

深耕與翻轉鹽埕的經驗，讓邱承漢累積了更紮實的風土設計能力，也與設計叁捌旅居並得獎的建築師合作成立設計公司，藉由結合文化、風土與建築空間的跨界經驗，協助其他地方與組織創造更多在地價值。

將已知事物未知化，也是一種創造

介紹完岡昇平與邱承漢的故事，回到這堂課的主題，青年返鄉，風土再設計。

為什麼是「再」設計？日本無印良品藝術總監原研哉有句名言，他說：「從無到有的設計，當然是創造，但是將已知事物未知化，也是一種創造。」對於地方來說，最大的特色資產就是風土，這不是從無到有的設計，而是換角度思考，透過設計，將已知事物未知化，重新展現家鄉的風土魅力。

岡昇平與邱承漢就運用再設計的精神，重新創造家鄉特色。岡昇平熟悉家鄉的寺廟建築特色，他將古樸風格轉成湯屋與民宿的視覺風格；邱承漢保留婚紗工廠的元素，重新拆解拼組後，轉換成旅店可感受的故事內涵，再把鹽埕很日常的職人元素，變成導覽體驗的亮點。

風土設計的精神，在於運用設計能力，呈現地方生活、生產與生態的面貌。只有硬體建築是無法創造地方價值的，如何藉由整合與開放的力量，提升地方整體價值，才是風土設計的核心。

岡昇平與邱承漢，就充分運用風土設計的開放概念。自己先投入資源，建立一個開放平台，成為對外溝通的亮點，接著讓其他專業人才與資源陸續加入，進行整合，再一起對外擴大版圖。

他們兩人的做法，都是先藉由一棟有特色的建築空間，成為旅人的入口，再慢慢引導旅人深入地方，透過參與跟對話，慢慢認識這個老地方。第二步，他們與返鄉創業的年輕人串連，共同規劃活動與行程，延長旅人的體驗時間，擴大整體商機。具備改造家鄉的經驗，累積足夠的設計能力，他們還能接到不同地方與類型的設計案，不但能養活自己，也能創造年輕人的就業機會，開發更多資源。

老地方需要新產業，才能帶來更多生機與商機。台灣近年許多青年返鄉創業，投身農作、餐飲、旅遊、旅店與文創等領域，他們帶著各自的專業，例如設計、品牌行銷、網路資訊等，若能協力合作、互為奧援，即能帶動地方，產生全面性的改變。

返鄉創業青年們，更需要把自己當成平台，不只對內整合，更要向外連結，尤其要善用科技網路的開放性，將家鄉獨特的生活、生產與生態面貌特色，傳播出去，才能產生巨大的連結效益。

課後複習&練習

越來越多青年返鄉，企圖讓自己的事業或空間，成為旅人認識家鄉的入口，努力讓自己的事業穩健發展，同時維持返鄉創業的初衷理想。請你想一想：

①**設計空間，成為入口：**你所經營的空間傳達了什麼故事或價值？有哪些細節展現了家鄉特色？你多久會更新空間裡的細節呢，包括文字、照片、農產品或手工藝品等？

②**串連社區，推動交流：**觀察你的空間，是否常有不同年齡、地域與工作領域的在地人來訪？他們的到來是否也同時豐富了你的空間？你有不定期舉辦講座或工作坊等，讓在地人分享故事與經驗嗎？

③**整合資源，對外連結：**你是否持續發掘專業的達人，以及有趣的事物，帶來更多體驗活動？進而不斷整合資源，擴大宣傳賣點，吸引更多旅人前來？

Lesson 19

小，更有力量——創造獨一無二的風土經濟學

擁有奢華設施與周全服務的虛擬風土，卻可能缺少了關鍵的元素？

風土經濟學不是封閉在特定地域，也非固守老舊傳統，而是與時俱進，具有網路時代的開放精神。

從人類學角度，每個鄉鎮農村都是一個部落，有獨特的飲食習慣、風俗文化、生產方式與信仰體係，更因此具備微型的風土特色。跟許多大型城市相比，這些看似遙遠的農村小鎮，反而保留更多、更完整的在地特色。

然而，許多奢華的飯店、民宿或莊園 Villa，只是把風土當作流行風尚，打造封閉式的虛擬實境，風土只是背景與包裝，缺乏實質的情境、情節與情感。如此做法，不易真正

打動旅人，實踐突顯地方特色的經營理念。相形之下，如果這些飯店、民宿或莊園能善用風土經濟學所強調的在地連結，以及互動開放，與小鎮農村的生活、生產與生態產生更多連結，應能設計出更具感染力與參與感的體驗內容，既吸引旅人遊客持續來訪，又能與地方達到雙贏的效果。

換個角度，網際網路也是一個個小部落（也可以說是同溫層）的彼此串連，只要有獨特性，就會被關注，就可能借助網路的開放性，產生無遠弗屆的影響力。透過網路社群的經營，不斷向外傳遞，讓家鄉特色被看到，吸引更多知音前來參與體驗，運用既有資源創造自己的家鄉事業。

山那村風土之旅

舉一個親身的觀察經驗。苗栗的「勤美學山那村」近年頗為知名，所在園區原本叫香格里拉遊樂園，因為過於老舊，長年乏人問津，勤美學企業集團買下後重新整建，賦予園區不一樣的面貌。

首先是藝術造景。山那村的負責人是勤美學第二代何承育，他援用類似日本藝術祭的精神，邀請曾在瀨戶內藝術祭參展的台灣藝術家王文志，運用竹子，在園區周圍設計具獨特風格的藝術造景。其次是帳棚體驗。他們在中央大草皮放置了十幾頂豪華帳棚，帳棚內有典雅潔淨的家具，甚至安裝冷暖氣，想體驗「輕露營」的旅人，可以直接輕鬆入住。

園區下午會舉辦各種體驗活動，例如戲劇表演、手作活動。晚上就在大地餐桌用餐，一長排的矮桌，旅人席地而坐，運用苗栗的在地食材，以西式料理的方式呈現，大家邊聽解說邊用餐。特殊的情境與帳棚體驗，吸引許多遊客，往往網站一開放訂位，很快就額滿了。我很欣賞山那村善用在地食材、藝術造景、培訓員工轉型，以及活化老樂園的企圖心，因此當山那村邀請我企畫特別的行程，我很快就答應了。若能結合苗栗地方特色，將能讓這個特別企劃帶來更多體驗經濟的價值。

我先跟山那村團隊拜訪好幾位在地青年，例如種芋頭、經營「馬郭芋頭」品牌的郭秩均，生產製作酸菜、梅乾菜的張仁宗，還有活化閒置木造老家、經營「老家咖啡」的陳鵬文。他們都是返鄉創業的青年，用他們各自的專業與熱情，為返鄉事業打開一條活路，也透過網路社群的經營對外發聲，累積許多實地造訪的族群與粉絲。

其中印象最深刻的是張仁宗。他原本在大陸擔任廠長，有感於熟悉客家傳統與酸菜醃漬（即福菜）的家鄉長輩們逐漸凋零，在保留與推廣族群文化的用意下，張仁宗決定返鄉加入福菜的種植與製作，並透過包裝設計，重新行銷福菜。

我初步規劃出行程，先帶客人體驗芋泥的製作，午餐由張仁宗負責，他找了在地的辦桌總鋪師大姐掌廚，下午接著嘗試製作酸菜，包括下田割芥菜，經過醃漬、日曬，最後變成福菜、梅乾菜。第二天早上，先請陳鵬文在山那村園區現場示範手沖咖啡，並分享返鄉創業的歷程。同時請工作夥伴分享山那村的核心精神，包括將樂園改成山那村的緣由與歷程。但夥伴們說得含糊，還需要補充與詮釋，以讓旅人了解完整脈絡。接著，我也詢問旅人對山那村的感想，希望透過交流，讓工作人員了解旅人的感受。只是大部分旅人的印象幾乎都只停留在豪華的帳棚。

我因此發現溝通上的落差，山那村擁抱宏觀的使命與價值，旅人卻只看到豪華帳棚，是旅人太膚淺嗎？其實是品牌精神的傳達太抽象，需要透過情境的營造、情節的安排，以及情感的帶動，才能真正落實，並讓旅人親身感受。

情境、情節與情感的黏著力

詢問大家，兩天的行程，最難忘的環節是什麼？眾人異口同聲的說，張仁宗主辦的客家料理與醃漬醬菜體驗。為什麼？我們在總鋪師大姐家裡用餐，每道菜都是最道地的客家料理，即使沒有精美的餐具、講究的擺盤，張仁宗一邊解釋料理的特色，大姐還隨時走出廚房，關心大家吃得夠不夠？要不要加菜？大家都感受到被款待的盛情，以及豐富的人情味。旅人們邊吃飯邊聊天，就像到親友家作客，心情輕鬆愉快。

飯後，大家散步到田邊拍照，正值稻子收割的時節，我們一邊欣賞鄉間景致，一邊沿著稻田走到仁宗家，聽他解說酸菜、福菜與梅乾菜醃製的過程與差異。最後來到芥菜田，每個人親手割下芥菜當成禮物。從午餐到割芥菜，雖然只有短短三小時，大家都被張仁宗對家鄉的熱情跟用心打動。離開時，他還上車跟大家說再見。

重新拆解張仁宗的規劃安排。首先是情境，有熱情的家庭氛圍，鄉間的收成時節；接著有情節，品嘗客家菜與割芥菜都帶來細膩感受；累積起來，最後自然而然激起旅人對地方的情感，進而認識苗栗在生活、生產與生態各層面的特色。

再回到山那村。園區與帳棚的情境很新奇舒適，但過程中都是由工作人員解說，顯得較為封閉且單向，缺少對話；旅人感受到的情節也偏靜態，缺少開放性的參與感，也較難激起旅人的情感。如果山那村企圖創造更大的風土經濟價值，就需要與在地有更多更深的連結。例如，山那村能否整合更多苗栗返鄉青年的資源，藉以創造旅人更多的回憶，否則，大家的記憶點，可能會停留在豪華的帳棚，或是驚奇的藝術造景，卻忘記山那村希望連結地方風土，創造友善環境。

缺少記憶點，就缺少差異化帶來的吸引力，甚至認同感，也就不易帶來回客率，因為旅人可以再去不同的地點，享受類似的豪華環境與設施。舉這個例子，是希望擴大觀光旅遊業者的想像力。因為越來越多旅人嚮往真實的體驗，期望參與地方的生活、生產與生態，體驗越深，才待得越久，並且增加回流率。

如果自滿於封閉的虛擬風土，只是讓旅人坐在一旁，安靜被動的欣賞與聆聽，情感投入的程度會很有限，就無法產生進一步的交流與對話。因此，要吸引客人，增加黏著度，不一定要花大錢增設新奇豪華設備。強大的硬體可以帶來新奇，但相對的，黏著力也有限。風土經濟不是軍備競賽。透過開放與連結，結合更多在地青年，納入更多既有資源，借力使力，反而能為旅人帶來驚喜，留下難忘的回憶。

另外，可看到張仁宗、郭秩均與陳鵬文這三位返鄉青年，雖然只是經營福菜、芋頭與咖啡，卻透過社群網站的發聲，吸引不少人實地體驗交流。他們推動了自己的品牌效應，也讓山那村團隊注意到他們的努力，透過連結合作來創造苗栗家鄉的體驗深度。

相對於壯闊豪華，小也是一種力量，只要夠細膩、夠深刻，夠豐富，就能創造獨一無二的風土經濟。

課後複習&練習

經營家鄉事業不一定要投注龐大資本，或是追求眩目的硬體設備。想黏著旅人的心，比吸睛外型更重要的，是需要鍛鍊的軟實力。請你想一想：

①**激情，對家鄉與事業投入：**高度熱情是支持你投入地方的燃料，也是吸引旅人前來拜訪的特質。你返鄉創業是抱持什麼樣的激情？遇過什麼挫折？如何克服？對未來還有什麼期待與目標？你自然散發的熱力，也是鼓舞夥伴與顧客的重要動力。

②**溫情，以真摯心意接待旅人：**除了熱情，你跟鄉親夥伴合作時，也傳達出關懷地方、尊重達人的溫情，進而增進他們的認同嗎？在接待遠道而來的旅人時，你時時保有誠心推薦家鄉的真心，以及感同深受的溫暖嗎？

③**深情，建立長久深刻連結：**你如何透過各種體驗交流，帶動旅人對家鄉風土的感情，讓他們成為你的事業或家鄉的粉絲，透過口碑行銷，提升支持度與知名度？你要如何經營社群，傳達哪些故事與影像，以感動更多人？

Lesson 20

是創生還是創傷？我們與理想的距離

要如何將挫折變成轉折，得到那枚真正的勳章？

在地方工作並不比在企業內任職輕鬆。因為人少、資源少，要做的事情卻不少，尤其當事情摻雜了人情，是助力，也可能是阻力，往往讓簡單事情複雜化，很難只用理性邏輯與效率來溝通與執行。

對於地方工作者來說，除了熱情與使命，也交織更多的挫折（我不願用「失敗」這兩個字）。在這本書的課堂裡，我分享了這麼多經驗與方法，難道都沒有遭遇過挫折甚至失敗嗎？

一路走來，挫折當然很多。在不同的地方，遇到不同的人、事、物，跟不同類型組織合作的過程，都會遇到溝通、整合與執行的問題，要說服很多人，得滿足不同人的需求與期待，要精算成本，要活化內容，要做好訓練，建立品質，最後還得扛下大眾行銷的壓力。

遇到挫折，我也會有情緒。例如被謠言中傷，或是合作夥伴表現不如預期、不用心，講的多、做的少，這些大大小小的打擊，會讓我憤怒、失望與無奈。

這一堂課，我們就來聊聊挫折，不是灌心靈雞湯，也不想相互取暖，而是從我的挫折經驗中，提取有用的方法來面對挫折，以及如何從挫折中學習，以聚焦自己的目標，找出前進之路。

地方事務原本就複雜。面對種種挑戰，我原本也沒有太多經驗，都是摸著石頭過河，隨機應變，遇到問題就嘗試解決，遇到阻礙就努力調整，從這些嘗試的過程中，累積經驗，並摸索出方法。有了方法，就能擴大影響力，讓更多人參與，有效對內整合資源，對外做更好的溝通連結，逐步建立地方的營運方式。

當然，世界不是我們設想的那麼理所當然，從事轉型改變的工作，本來就不是易事，改變人的想法很難，改變習以為常的行為模式，更難。

最大的挫折，來自在地的內傷

我最大的挫折，是受到少數在地人的負面言語攻擊，以及恨鐵不成鋼的失望。以參與最深的甲仙小旅行為例。一開始，我主動聯絡的對象是商圈組織，因為他們很活躍、常對外發言，也是做生意的業者，最容易合作。深入互動之後，我發現他們熟稔熱鬧的商圈周圍，對其他區域則較陌生。之後帶我深入找尋、串連資源的合作對象，反而是比較低調的社造組織「甲仙愛鄉協會」。

當兩天一夜行程的第一團順利成行之後，我與團隊檢討整體流程、執行細節與導覽解說該如何修正，參與的商圈組織成員、各地小農與甲仙愛鄉協會，也互相激勵打氣，全力迎接第二團。沒想到，第二團還沒出發，意外發現有一個旅行團完全模仿我們的行程，還在相同場地進行座談，負責接單帶路的人竟是我們的合作夥伴，對方完全沒有知會團隊。由於旅行才剛開始，正在建立品質與價格機制，也還在調整內容，並不適合馬上對外，內部因此產生爭執。

這類缺乏整體共識的問題持續發生。當甲仙小旅行的品牌逐漸打出知名度，各個政府部門的資源開始投入，我們的行程即一再被抄襲複製。模仿抄襲沒有關係，因為都是在地人，問題是用低價對外招團，破壞了辛苦建立的價格機制。常見慣性就是用低價招攬客人，如此不僅品質不佳，旅人也沒有受到感動，一旦政府不再補助經費，更是無以為繼。甲仙小旅行就是想打破這種惡性循環。

為了長遠發展，我逐漸把合作重心轉到重視社造、小農、老人與外籍配偶的甲仙愛鄉協會，他們積極參與小旅行的規劃與執行，善於溝通協調，又深諳在地各種專業人才資源。我們有共識，如果希望讓更多在地人參與，就必須持續深入進行田野調查，拓展更多資源。

一邊推動行程，建立品質，一邊深入探索，找尋更多故事，過程中我遇到不少謠言中傷，有時候努力整合的資源，也不被珍惜。例如有次帶團，我發現之前合作包裝設計的業者換了禮盒，新的禮盒與原來的包裝設計類似，只是圖案略有差異，顏色較為粗糙；後來業者還以太佔空間為由，丟棄上千個原來的包裝盒。面對這樣的情形，雖然痛心，但是退一步想，這是很多地方的縮影，不能因為受到莫須有的指責或打擊，就忘了遠大的目標。

有打擊，也有安慰，我最感動的是獲得更多沉默的人的肯定。每次去關山社區，長輩們總是跟我握手、擁抱，他們會說，洪老師帶來的旅人都很有禮貌，願意跟他們噓寒問暖、親切聊天。他們還常會塞水果、糕餅或自己醃漬的食物給我，回台北時總是大包小包。

能贏得這群充滿生活智慧，謙虛溫暖的在地長輩的肯定，是我最大的驕傲。怎麼能因為挫折，就忘了更多沉默之人的期待？

外在組織造成的外傷

有內傷，當然也會有外傷。當我發現，自己與地方組織從無到有、一步一腳印規劃與執行的旅行，輕易被外來組織收割，他們參與不多，卻對外宣稱是他們主導甲仙的改變，而持續耕耘的在地人，反而變成被拯救的配角。

說很多、做很少，只在表面打轉，這是部分外部組織、顧問公司，甚至大學創新中心的根本問題。我過去規劃或輔導的行程，幾乎都跟外部組織合作，但是人員來來去去，參與不深，了解不多，與地方業者、小農互動有限。直到投入甲仙小旅行後，我發現只有地方組織壯大，才能永續發展，我這才轉換重心，全力協助地方組織提升能力。

當甲仙小旅行成為一個品牌之後，卻成為外來組織爭取政府標案的籌碼。如果主事者是幫忙拓展甲仙品牌，即是良善的回饋地方；但若只想打著甲仙的招牌來拿其他案子，那就是「消費」甲仙，讓甲仙淪為對外標榜的徽章罷了。

這個問題不只影響甲仙，也影響其他被輔導的鄉鎮。因為沒有深入地方，進行長期的田野調查，也沒有定位定價的完整經驗，很難將表象的經驗應用到其他地方，如此一來，可能只做表面亮點，沒有深刻改變，徒然耗費政府資源罷了。參與地方創生，需要理想與熱情，更需要務實的方法與溝通，才能建立共識，運用方法逐步解決問題，或是創造生機。

我認為，真正的理想在於，要盡量減少「說到」與「做到」之間的落差，能不能先累積一些經驗與成績，獲得深刻的洞察，再去論述呢？否則容易侷限在表象打轉，辜負理想與使命。

諾貝爾物理獎得主中村修二，在《我的思考，我的光》（考える力、やり抜き力　私の方法）一書中描述他只有碩士學位，長期受嘲笑忽視，最後研發出藍光二極體，改變世界。「風格本來就存在你的身上，」他說，「風格其實是從頭到尾徹底完成一件事情，或一項產品產生出來的個人特色。」如果只想蒐集徽章、贏得掌聲，沒有徹徹底底完成一件事，掌握每個細節，解決每個難題，怎麼會有自己的獨特風格？

我反省自己，過去規劃不少地方的旅行，多少也有這種蒐集徽章的心態。面對這種外傷，我決心整理甲仙經驗的系統性方法，找到屬於自己、以及甲仙的風格，那才對得起甲仙經驗。

回過頭來，各地長期拿政府資源的地方組織、返鄉青年，是否也有這種蒐集徽章的心態？認為只要有做就好了，對於品質與效益不太在乎，不想持續成長改變，而是用徽章安慰自己，滿足現狀。

「也許你在第一線看到了很多好的事情，也看到很多不好的事情，這些事情會讓你自己的內心矛盾。但是，不要因為別人而失敗，你的失敗是因為自己。」魏德聖在《導演・巴萊》導演手記裡寫著，「再昂貴都得做，因為有些東西是屬於一輩子的價值。」

真正的徽章，也許不是用來炫耀取暖，而是勇於問自己，有沒有面對自己的初衷？有深入了解地方嗎？有切實做好每一件事嗎？找尋一輩子價值的內在徽章，才是最重要的使命與動力。

克服挫折感的三個方法

談挫折，更要找解決之道。挫折雖是養分，但挫折久了，就會失去前進的勇氣。我從三個角度來分享如何面對挫折感，更能從挫折中找尋改變的力量。首先是溝通說服的能力，其次是鼓勵擴大參與的能力，第三是自我復原的能力。

為什麼是這三個角度？我發現溝通說服力，是改變地方的最大關鍵，也經常是大家感到挫折感、無力感的主要原因。

地方上的溝通整合最難。不想獨善其身，希望對地方發展有所作為的民宿業者、餐飲業者、農業工作者、社區工作者、公務單位，或是承繼家業的青年，大概都曾經歷這種溝通不良的挫敗感。即使初步溝通成功，再來是面臨該如何做、如何鼓勵大家參與，集結更多力量的課題。如果一直都是少數人參與，大家袖手旁觀，改變的火花最後還是會熄滅。

此外，對於地方工作者來說，長期累積的挫折感與無力感，也會逐漸流失熱情與自信，最後不是遠離家鄉，就是獨善其身。身在其中的地方工作者，該如何自我調整，找尋出路？

溝通說服力有三個重點。（一）了解地方人的痛與夢，順著在地人熟悉的認知，溝通他們不熟悉的事情。（二）尊重高談闊論的聲音，找尋沉默的支持力量。許多意見領袖高談闊論，但是常常光說不做，甚至會阻礙計劃的進行，我們可以將焦點轉往不善於表達意見，但是會默默支持你的人，讓他們相信你，成為你的後盾。（三）不厭其煩地溝通、安撫與鼓勵，讓他們願意嘗試，有了經驗，原本的恐懼、誤解，就會自動消除。

擴大參與力才是改變的關鍵。（一）將大目標拆解成一個個簡單好達成的小目標，才能循序漸進，不會讓人覺得困難重重。（二）降低參與門檻，透過行為的改變，逐步改變認知。一開始要讓在地人覺得簡單不費力，不致大幅影響現狀，再慢慢提高標準與難度。（三）不斷激勵士氣，過程中持續輔導、溝通與鼓舞，越做越好，增強信心。

第三個則是自我復原力。（一）計劃不如變化。要懂得彈性應變，才能降低挫折感，務實的找出改進之道。（二）自我學習。從每次經驗挫折中，找出自己疏忽不足的地方，想辦法透過觀察、請教與閱讀，加強自己的能力，成為一個學習機器，而不是一隻抱怨鸚鵡。（三）歸零放下。每件事情不如預期，就重來，有時是時機的問題，不是你的問題，遇到挫折就先擱著，過陣子再開始。

我們與理想的距離，又近又遠。好不容易前進好幾步，又因為內傷與外傷的拉扯，後退幾步，我們要理解現實，又要面對現實，更要超越現實。

記得十多年前，當時我還在《GQ》工作時，有一期採訪詹宏志，我問他的理想是什麼？他原本溫和的眼神，突然銳利起來。他說，「我不談理想的，我也不會告訴你。」他認為，理想是一種不用明講的實踐力，不能因為講理想就忽略現實面，到處宣揚理想，別人也不會因此就同情你。「要比別人用功兩倍，厲害兩倍，賺了錢又能達到理想。」詹宏志強調。

我一直牢記他的話。有理想，才會有挫折，找到改變的方法，就能將挫折變轉折，朝理想之路邁進，我們才能成為帶來改變的人，得到那個珍貴的徽章。

課後複習&練習

面對挫折，需要培養三種能力，溝通說服力、擴大參與力，以及自我復原力。請你想一想：

①**溝通說服力：**你想影響的人，他們的痛與夢是什麼，可以具體說明嗎？哪些人雖然不太發表意見，或不擅言詞，卻是你的潛在支持者，你要怎麼跟他們溝通？

②**擴大參與力：**對於家鄉事務，你現在有什麼目標？如何將這個目標具體拆解成幾個小目標，各自要達到什麼成果？你要怎麼說服在地人，激勵他們來參與呢？

③**自我復原力：**最近有什麼讓你耿耿於懷的挫折嗎？你認為問題出在哪裡？其中有哪些是你應該改善的？自覺目前欠缺什麼能力？要如何改進與提升？學習計劃是什麼？

Lesson 21
成為鬆動風土、引領光明的蚯蚓

要如何知道我是誰？我的家鄉是塊什麼料？

這堂課要進行總結了。除了重點歸納風土經濟學的思維與方法，我也提出對地方創生議題的看法，以及具體建議。

風土經濟學是一種思維與實踐方法，在於呈現我們家鄉的時間、空間與人間特色，透過行程規劃，讓旅人感受生活、生產與生態各層面的特質，留下感動記憶，才能創造風土的經濟價值。

有心復甦家鄉經濟商機的人，在資源有限的情況下，只要能運用風土設計的能力，就是風土設計師。風土設計師需要具備三種能力：「挖掘意義」的能力，深入了解風土人文脈絡；其次是「產生創意」，思考如何創新內容，賦予新意；第三是「帶動生意」，能夠對市場大眾提案，帶動人氣與經濟。

運用風土設計方法論，可以轉換看待家鄉、事業的角度，不一定要花大錢蓋硬體、買設備，而是仔細挖掘找尋隱藏的風土資產，才能活化既有，再無中生有，創造更多的價值。

專家學者欠缺在小地方解決問題的經驗

現在政府積極推動地方創生，也是為家鄉創造風土經濟的契機。這種從上而下的推動，政府像推銷員，請專家學者到各地舉辦說明會，還輔導地方鄉親寫提案計劃、爭取政府經費。這些專家學者透過引導與分享，也希望能與地方合作拿標案。

專家學者在講座舉的例子，幾乎都是日本地方創生的個案，且多是來自書籍、網路的二手資料，片面援引與解讀，缺少對背景脈絡的梳理，以及對細節的探究。尤其若主講者實務經驗不足，表達嚴肅生硬，地方鄉親難有共鳴，大家可能只記得政府有經費，我們可以趕快寫計劃爭取。地方創生不是重點，龐大經費才是唐僧肉。政府要提供資源，對於競爭激烈的顧問公司、各大學創新中心，甚至地方公所與社區組織，都是大利多。大家為了爭取經費而寫計劃，一層一層剝下來，到底能夠落實什麼？創造什麼？

尤其，這些經費究竟是聘雇地方工作者的薪資，還是創造未來的投資？如果沒有問題意識、熱情行動，以及具體運作的方法，再多的計劃、再多的資源，也都很難達到實質效益。此外，公務人員與專家學者習慣抱持指導的心態，完全按計劃行事，容易缺乏接地氣、隨機應變的能力，更欠缺在小地方解決問題的經驗。

小地方並不小。只要像蚯蚓鑽得夠深更深入，具體發現問題，找尋資源與方法，進而解決問題，累積足夠的經驗，再拉高格局，用老鷹的視野看待這些經驗，就有創新與橫向連結的價值。我認為，要真正讓地方永續經營，必須從下而上，從泥土養分中延展壯大，培養自己解決問題的方法，才能真正達到地方創生的目的。

我曾參與一個公部門舉辦的講座，現場也舉辦市集活動，呈現在地業者的物產與特色。那天現場很熱鬧，但是政府官員與專家學者，卻始終彼此寒暄、談事情，像個與外界隔離的小圈圈，身旁都是一波波參加市集的人潮，他們卻沒有轉頭，多多觀察並了解業者與消費者的想法、行為與需求。

如果地方創生計劃是由一群小圈圈的人主導大圈圈的人，小圈圈的人卻缺乏對現實生活的深刻感受，他們要如何從上位規劃者的角色，影響真正生活其中的人呢？

我們需要多元角度與務實態度，從現實狀況找出解決問題的方法。因此，推動地方創生的公務體系，需要改變傳統心態，才能有效幫助地方轉型。公務單位的心態，要從指導規劃者轉為實驗培育者，培養地方自己長出解決問題的能力與方法，不是一味套用國外模式，或是書本理論，才能面對城鄉差異的大難題。

我認為，地方創生不該像打撲克牌，從上而下花大錢就想一次梭哈。這會產生兩個問題，第一是期待太高，就會急就章想看到成績，要產值、要就業人數，為了做出成績，拿到案子的單位就會想辦法炒短線，結果層層發包，人人分一杯羹。第二是大家沒有培養紮實的能力，只想盡快解決眼前的問題，導致不斷複製抄襲，結果沒解決問題，反而製造更多問題。

地方創生三支箭，蚯蚓實驗、飛鷹亮點與公務員再培訓

政府不應急著提撥預算，而是要把錢用在刀口上。提供經費只是先射箭再畫靶，逼大

家先畫一個不切實際的靶，錢用完就算了，最後也無可奈何。有效運用經費，是要先培養射箭能力，再去找到適合的靶心，才能把餅做大。

政府單位對於地方創生議題，應該立刻做什麼事？知難行易，必須先做三件事，射出三支箭。第一支箭，先打小牌，累積地方解決問題、創造生機的能力。第二支箭，累積各地經驗，了解不同風土脈絡，找到各種適合不同脈絡的創生模式，再推行中大型計劃。第三支箭，制定地方公務體系的專業再培訓計劃。

打小牌就是用小投資支持蚯蚓實驗計劃。就跟企業研發一樣，總會有成功與失敗，好處是小資金可以容許失敗，又能練兵長肌肉。先鼓勵地方像蚯蚓一樣，深入挖掘，逐步把小事情做好、解決小問題，培養能力，建立自信，從中累積發展模式，再逐步擴大。

在此階段，政府不只挹注經費，更要切實輔助。例如聘請有實戰經驗的專家，類似戰術教練與顧問家教角色，從前端的挖掘、中端的培訓到後端的行銷，持續協助、輔導，讓實驗計劃發展得愈益結實。

其次是打造飛鷹亮點模組。台灣各地有不同的脈絡與問題，也會有類似的情境與模式，政府要如何像老鷹一樣拉高格局，分門別類整理各種脈絡與模式，透過各地的經驗累積，梳理出有效的方法，找出可以參考、模仿與具體學習路徑的亮點模組，接著再推動中大型計劃，依據脈絡情境調整模組，有效推展運用在各地，減少嘗試錯誤的成本。

第三，不要忽略地方創生的重要推手，就是在地的公務員，包括農漁會體系等。重新培訓，鍛鍊多元思維與解決問題的能力，才能成為地方創生的助力，而非阻力。台灣地方公務體系，尤其是偏鄉公務員，人事更動頻繁，往往年輕公務員對地方的了解還不夠，就已經調走。而資深人員習慣傳統做法，多一事不如少一事，交辦的地方創生計劃，常常是趕鴨子上架，執行者不明就理，該如何協助地方有效運作呢？

曾經有位年輕公務人員，參加我推行的打工換宿計劃，累積田野調查的經驗後，調到地方觀光單位。她為了擬定標案，跑現場以了解地方需求。沒想到科長不給公假，認為她是趁機偷懶，還強調跑現場是廠商的事，公務人員只要上網蒐集資料就好。這位公務員只好請休假去現場，不久，她就被調離單位。

在地的公務人員為什麼容易遭人詬病？他們不是不努力，而是長期習慣被動接受指令，多做多錯，少做少錯，想法比較僵化，如果突然要他們動起來，沒有具體方法，等於緣木求魚。

尤其大環境正劇烈改變，這是一個重新定義工作的時代。傳統認定的工作範圍與專業，都必須重新思考。以往只要在大組織體系中當顆螺絲釘，或憑藉單一專業就能安身立命，現在則不然，現在唯一的不變，就是改變。

問題是如何協助地方公務人員有效提升視野與能力？根據我長期從事企業組織培訓的經驗，只要給予適當方法，透過紮實的實作練習，就能有效提升思考、提問與表達能力，讓他們發現改變並不難，建立信心，持續給予引導，就能鼓勵他們循序漸進地提升，進而對地方創生的推動有實質助益。

公務人員的培訓要如何具體落實？傳統培訓方式都是上課，沒有太多實作練習，也沒有符合地方創生的專業能力，因此，首先要重新調整教學培訓內容。過程中，先以中階主管為種子學員，精進他們的能力，才能有效領導部屬，培養年輕公務人員的專業能力。

第一階段是練習跨部門的個案分組討論，由培訓講師引導思考與表達，掌握邏輯與方法，再根據地方問題，練習分組討論與提案。

第二階段，進行實地觀察訪談，了解問題與需求，再回到課堂上分組討論，研擬提案。這個過程是培養跨部門交流討論、溝通整合，以及現場觀察與訪談的專業能力，讓公務人員有效活用方法，實際運用在工作上。

第三階段，就是親自參與地方創生的規劃與討論，引導地方、顧問組織有效運作，適時給予支援，並嚴格監督，讓計劃順利執行。專業能力再培訓的精神，不只是實務能力，而是改變工作態度，更具同理心跟使命感，地方才會因你而不同。

蚯蚓實驗、飛鷹亮點與公務人員專業再培訓三個計劃，其實都是花小錢做投資，人的能力、視野與態度提升了，才能有效整合與運用資源，降低地方創生的失敗風險，更有機會創造屬於台灣未來的亮點。

地方創生，需要練習精實創業

艾瑞克．萊斯（Eric Ries）《精實創業：用小實驗玩出大事業》（The Lean Startup）一書就強調，精實創業的精神不是提出一套完美計劃，而是跟時間賽跑，不斷測試、評估與修正，有效率的學習與創新。這個精神不只適用新創公司，擁有龐大資源的公司，以及政府單位也適用。

地方創生計劃，就是一種地方再創業的計劃，蚯蚓實驗、飛鷹亮點與公務人員專業再培訓三個計劃，也是運用精實創業的態度，有效率的學習如何創新。

我很欣賞在日本偏鄉擔任低階職位公務員的高野誠鮮，他就是精實創業的地方創生版。不僅自我培養解決問題的能力，更創造偏鄉亮點，而且，浪費的資金非常少。

他所寫的《獻米給教宗的男人》一書，記錄即將被淘汰的村落，如何想盡辦法扭轉弱勢偏鄉的命運，他的奮鬥過程，以及從下而上累積的方法，也是地方創生的正面典範。

他像蚯蚓一樣深掘地方，又像老鷹般有高度格局。他以積極負責的態度，主動找問題、解決問題，不自卑也不自大，但懂得人性需求與弱點，透過執行、實驗的碰撞過程，一步步往前走。

例如招攬年輕人來鄉間居住的計劃，被其他公部門指責違反《旅館業法》與《食品衛生法》，但高野不願低頭了事，他盡全力推行這個剛起步的活動，想到了日本古代的「烏帽子親制度」——特定人物為年輕男子戴上烏帽、互相敬酒的成人禮儀式，彼此即成為乾爹與乾兒子——高野透過讓接待農家跟入住學生彼此敬酒，結成親戚關係的方式，更不違反法令。

他的做法，類似我在甲仙推動的村落民宿，透過銀髮老人的分工合作，負責晚餐、住宿、農事體驗與交通接送，跟外地旅人深度交流，重新展現生命活力。

沒有資源的高野，深知運用借力使力的行銷方法。他原本想找日本天皇支持他們的神子原越光米，但被婉拒了。他腦筋動到遠在梵蒂岡的教宗身上，因為神子原翻譯成英文，即變成耶穌居住的高原，他寫信給教宗，沒想到教宗透過大使回覆：「就讓我們來當小村落通往小國家的橋樑吧。」透過外國人的口碑效應，反過來讓日本人產生認同。高野用各種方式創造話題，讓農產品聞名熱賣，這不只證明他的理念，也激勵鄉親努力改變。

這一切機會，都是來自高野誠鮮身處的劣勢偏鄉，農地陡峭、冬季豪雪的惡劣環境，田地廢耕、年輕人離去，許多在地人更以自己的出身為恥；加上大多數公務人員明哲保身，不願承擔責任，種種不利條件，反而讓低階公務員高野誠鮮有了更多嘗試的機會，證明自己的能力與價值。

我是誰？我的家鄉是塊什麼料子？

無論是地方創生、風土經濟學，或是任何名詞，都是希望地方能重新活化。關鍵不只是風土，還包括具創意的行動者，自我期許成為地方的風土設計師，家鄉才有翻轉的力量。

英國管理學大師韓第（Charles Handy）在《你拿什麼定義自己》（Myself and Other More Important Matters）說：「成功的人生，並不等於先知道做什麼再行動，而是剛好相反，只有在行動、實驗、質疑與再行動中，才能發現自己是誰，是塊什麼料子。」

我是誰？我的家鄉是塊什麼料子？沒有標準答案，要一直行動，思考，再行動，才能創造更多力量，連結更多力量。前提是我們得先成為有故事的人，勇於承擔挑戰，不斷嘗試，找尋出路，面對失敗，也要汲取改變經驗，讓經驗成為可記憶、溝通的故事。

我們最怕飛太高的老鷹，看不清地面變化，不了解實際痛點，只是炫耀看似高深的學問；我們更擔心挖太深的蚯蚓，跟地方連結太深，故步自封，失去格局，無法對外溝通。然而長期扎根、投注生命的蚯蚓，才是真正鬆動土壤、帶動家鄉轉變的力量。吳明益在《苦雨之地》形容蚯蚓這種生物：「牠們與所有可親的動物一樣擁有各種感官，牠們感受苦難與喜悅的方式如此簡單，生命力熱烈而旺盛。蚯蚓不但演化成適應黑暗世界的樣子，還吞下土壤把那些不可見的營養留在身體裡。」

世界很遼闊，但世界也是由一個個細節所組成。關鍵在於我們如何為細節事物賦予意義，並能創造意義，才能開啟那個遼闊世界的大門。這需要多元豐富的視野與方法，讓熟悉的事物被創新，讓創新的事物被熟悉。

風土是我們的養分，但不能只是適應黑暗，更要引領陽光照入，才能創造未來。

課後複習&練習

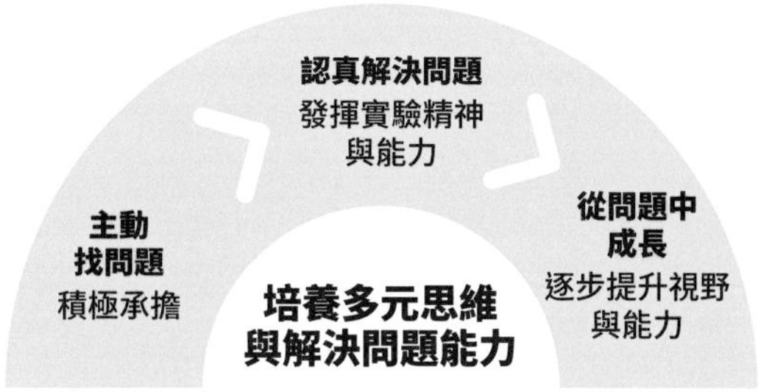

我們如何成為不可或缺的地方轉型推手，對家鄉發展有貢獻，而非整天空談理想，卻是行動的侏儒？請你想一想：

①**主動找問題，積極承擔：**你覺得家鄉目前面臨什麼問題？可以談談有哪三個最需要解決，而且是你可以參與改善的問題？

②**認真解決問題，具有實驗精神：**要解決這些問題，需要哪些資源？你有哪些具體做法？萬一有人反對，或是沒有在地人協助，你會如何進行？你有失敗的經驗嗎？失敗的原因是什麼？你是否因此吸收教訓，調整做法？

③**從問題中成長，在解決問題的過程：**你察覺自己跟一年前或是剛返鄉時，在態度、能力上有什麼差異？哪些能力明顯提升？什麼能力仍有待加強？要如何補強不足呢？

國家圖書館出版品預行編目（CIP）資料

風土經濟學：地方創生的 21 堂風土設計課／
洪震宇著．-- 初版．-- 臺北市：遠流，2019.11
面；　公分．--（Taiwan Style 62）
ISBN 978-957-32-8669-1（平裝）

552.33　　108017138

Taiwan Style 62
風土經濟學：地方創生的 21 堂風土設計課
作　者／洪震宇

編輯製作／台灣館
總 編 輯／黃靜宜
執行主編／蔡昀臻
美術編輯／邱睿緻
封面設計／日央設計
圖表繪製／莊淳安
行銷企劃／叢昌瑜

發 行 人／王榮文
出版發行／遠流出版事業股份有限公司
地　址：104005 台北市中山北路一段 11 號 13 樓
電　話：（02）2571-0297
傳　真：（02）2571-0197
郵政劃撥：0189456-1
著作權顧問／蕭雄淋律師
2019 年 11 月 1 日　初版一刷
2023 年 8 月 1 日　初版七刷
定價 350 元

彩頁照片來源：洪震宇（除特別註記外）

ISBN 978-957-32-8669-1
遠流博識網 http://www.ylib.com　E-mail: ylib@ylib.com